who? 근현대사

글 조경

여러 출판사에서 어린이 책과 영유아 통합 프로그램을 기획하고 만드는 일을 오래 해 왔습니다. 《who? 근현대사 한용운》 원고를 쓰기 위해 여러 자료를 접하며 느낀 입체적인 감동이 독자에게도 가닿기를 바랍니다.

그림 툰쟁이

툰쟁이는 어린이들이 소중히 간직할 작품을 만들기 위해 열정을 쏟고 있는 학습 만화 창작팀입니다. 《who? 세계 인물》 시리즈와 《who? 한국사》 시리즈를 통해 생생하고 세련된 그림을 선보이고 있습니다.

추천 황현필

인문계 고교 교사로 7년 동안 재직 후 EBS와 공무원 등 수험 한국사를 가르쳤습니다. 이후 유튜브 '황현필 한국사' 채널에서 누구나 쉽게 접할 수 있는 대중적인 역사 강의를 하고 있습니다.

 **근현대사**

한용운

초판 1쇄 인쇄 2025년 5월 14일
초판 1쇄 발행 2025년 5월 28일

글 조경 **그림** 툰쟁이 **감수** 김도환 **표지화** 손정호

펴낸이 김선식
펴낸곳 다산북스

부사장 김은영
어린이사업부총괄이사 이유남
책임편집 박세미 **디자인** 김은지 **책임마케터** 김희연
어린이콘텐츠사업1팀장 박정민 **어린이콘텐츠사업1팀** 김은지 박세미 강푸른 류지형
어린이마케팅본부장 최민용 **어린이마케팅1팀** 안호성 이예주 김희연 **기획마케팅팀** 류승은 박상준
편집관리팀 조세현 김호주 백설희 **저작권팀** 성민경 이슬 윤제희
재무관리팀 하미선 임혜정 이슬기 김주영 오지수
인사총무팀 강미숙 이정환 김혜진 황종원
제작관리팀 이소현 김소영 김진경 이지우 황인우
물류관리팀 김형기 김선진 주정훈 양문현 채원석 박재연 이준희 이민운
외부 스태프 정보글 조냇물 본문 조판 한수림

출판등록 2005년 12월 23일 제313-2005-00277호
주소 경기도 파주시 회동길 490
전화 02-704-1724 **팩스** 02-703-2219
다산어린이 카페 cafe.naver.com/dasankids **다산어린이 블로그** blog.naver.com/stdasan
종이 스마일몬스터 **인쇄** 한영문화사 **코팅 및 후가공** 평창피엔지 **제본** 대원바인더리

ISBN 979-11-306-6617-4   14990

who? 근현대사
한용운

다산
어린이

올바른 역사 교육의 시작, who 근현대사

근현대사는 우리에게 가장 가까운 역사이자 현재 살아 있는 역사입니다. 그중에 빼앗긴 나라를 되찾기 위해 전개된 독립운동사는 대한민국 사람이라면 꼭 알고 있어야 하는 내용입니다.

이 나라의 미래인 어린이들이 근현대사와 독립운동사를 반드시 알아야 할 이유가 있습니다. 역사를 올바른 시선으로 보는 법을 배우고, 어려움을 극복한 여러 인물과의 만남을 통해 교훈을 얻음으로써 어린이가 스스로 성장하는 데 도움이 되기 때문입니다. 또한 내가 살고 있는 이 나라 대한민국을 올바르게 사랑하는 애국심을 기르기 위함이 역사 교육의 가장 중요한 목적이 될 것입니다.

저는 일제강점기를 살았더라면 당연히 독립운동했을 것이라는 확고한 신념이 있었습니다.

어느 겨울날 아침 일찍 강의를 위해 집을 나서기 전, 잠든 제 아이들의 볼에 입을 맞추었습니다. 아이들의 볼에서 전해지는 따스한 온기를 느끼자, 추운 집 밖으로 나가기가 싫어지며 다시 침대에 눕고 싶은 마음이 요동쳤습니다. 그 순간, 만주 벌판에서 혹독한 겨울을 견디며 총을 들고 싸웠던 수많은 독립군이 떠올랐습니다.

"내가 일제강점기를 살았더라면, 독립운동을 위해 눈에 넣어도 아프지 않은, 사랑하는 나의 아이들을 두고 생사를 장담할 수 없는 춥디추운 만주 벌판으로 나설 수 있었을까?"

독립운동가들은 존경받아야 합니다.

〈who? 근현대사〉 시리즈는 일제강점기 당시 조국의 독립을 위해 헌신한 인물들을 소개하고 있습니다. 임시정부를 이끌면서 독립운동의 상징적 인물이 된 김구, 봉오동과 청산리에서 일본군을 무찌른 대한독립군 사령관 홍범도, 사회적으로 취약했던 어린이의 인권을 존중하며 소년 운동을 주도한 방정환, 일제강점기 우리 한글을 지켜낸 주시경, 죽는 날까지 하늘을 우러러 한 점 부끄럼이 없었던 저항 시인 윤동주 등 독립운동가들의 발자취 속에서 좌절과 시련을 이겨내고, 희망으로 나아가는 길을 경험하게 될 것입니다. 이 시리즈에서 다루는 인물들의 이야기는 단순한 '역사적 기록'이 아니라, 어린이들에게 용기와 올바른 가치를 심어 주는 '교훈'입니다.

〈who? 근현대사〉 시리즈를 읽으며 대한민국의 미래가 되는 우리 어린이들이 독립운동가를 존경하는 마음을 갖고, 올바른 역사관을 키워 나가길 기대합니다.

한 가지 더 부모님께 당부드립니다. 만약 아이들이 "우리나라는 어떻게 일본으로부터 독립할 수 있었나요?" 하고 묻는다면 이렇게 답해 주세요.

"태평양 전쟁에서 일본이 미국에 패배하면서 우리가 독립을 맞이할 수 있었던 것은 사실이란다. 하지만 그보다 더 중요한 건, 수많은 독립운동가의 희생과 노력이 있었기 때문에 우리가 '완전한 독립'을 얻을 수 있었다는 거야. 그래서 우리는 독립운동가를 기억하고 존경해야 한단다."

황현필 역사바로잡기연구소장

황현필 선생님은 인문계 고등학교에서 역사를 가르쳤습니다. 이후 EBS와 공무원 강의를 통해 한국사를 가르치다 유튜브 '황현필 한국사' 채널을 개설하고 누구나 쉽게 접할 수 있는 대중적인 역사 강의를 하고 있습니다. 2023년에는 남해를 '이순신해'로 병행표기하자는 의견을 제시하고, 국회의원들과 함께 입법 발의를 이끌어 내기도 했습니다. 또, '기억하는 자들이 사라지면, 역사는 왜곡된다'는 신념을 가지고 일제강점기 독립운동을 부정하는 사람들에 맞서 올바른 역사관을 심어 주려고 노력하고 있습니다. 대표 저서로는 《황현필의 진보를 위한 역사》, 《이순신의 바다》, 《어린이를 위한 이순신의 바다 1·2》, 《황현필의 한국사 평생 일력》, 《요즘 역사》 등이 있습니다.

황현필 역사바로잡기연구소장님의 한국사 강의를 만나 보세요. ▲

세계적인 리더로 성장하기 위한 밑거름

〈who?〉 시리즈는 어린이들은 물론 어른들에게도 재미와 감동을 주는 교양 만화입니다. 대한민국은 물론 전 세계에 영향력을 끼친 인물들로 구성되었으며, 인물들의 삶과 사상을 객관적으로 전해 줍니다. 이처럼 다양한 분야에서 활약한 인물들의 이야기를 통해 과학, 예술, 정치, 사상에 관한 정보는 물론이고, 시대별 문화와 역사까지 배우게 될 것입니다.

〈who?〉 시리즈의 가장 큰 장점은 인물들이 그들의 삶에서 겪은 기쁨과 슬픔, 좌절과 시련, 감동을 어린이들이 함께 느낄 수 있다는 것입니다. 어린이 독자들이 인물들을 통해 자신만의 멘토를 만나 세계적인 리더로 성장하기를 진심으로 응원합니다.

존 덩컨 미국 UCLA 동아시아학부 교수
한국학 분야의 세계적인 석학으로, 미국 UCLA 한국학연구소 소장 및 동 대학의 동아시아학부 교수를 겸직하고 있습니다.

세상을 더 나은 곳으로 만든 사람들의 이야기

어린이들은 자라면서 수많은 궁금증을 가지게 됩니다. 그중에서도 "저 사람은 누굴까?"라는 질문은 종종 아이들의 머릿속을 온통 지배해 버리기도 합니다. 〈who?〉 시리즈는 그런 궁금증을 해결해 주기 위해 다양한 분야의 인물들을 소개하고 있습니다.

〈who?〉 시리즈에 등장하는 인물들은 인종과 성별을 넘어 세상을 더 나은 곳으로 만든 사람들입니다. 어린이들은 이 책에서 디지털 아이콘으로 불리는 스티브 잡스는 물론 니콜라 테슬라와 같은 천재 발명가를 만날 수 있습니다.

책 속 주인공들의 어린 시절 이야기를 통해 기쁨과 슬픔, 도전과 성취감을 맛보고, 그들과 함께 성장하면서 인류에 도움이 되는 사람이 되겠다는 포부와 자신감을 갖게 될 것입니다.

에드워드 슐츠 하와이주립대학교 언어학부 교수
하와이주립대학교 언어학부 교수이자, 동 대학교 한국학센터 한국학 편집장을 역임한 세계적인 석학입니다. 현재 한국과 미국, 일본을 오가며 활발하게 활동하고 있습니다.

미래 설계의 힘을 얻는 길이 여기에

어린 시절 만난 한 권의 책이 인생에 미치는 영향이 얼마나 큰지는 꿈을 이룬 사람들을 통해서 알 수 있습니다. 빌 게이츠는 오늘날 자신을 만든 것은 동네의 작은 도서관이었다고 말하고, 오프라 윈프리는 어린 시절 유일한 친구는 책이었음을 고백하며 독서의 중요성에 대해 이야기합니다.

꿈을 이룬 사람들의 공통점은 또 있습니다. 그들에게는 어린 시절, 나만의 특별한 위인이 있었습니다. 버락 오바마, 빌 게이츠, 조앤 롤링, 스티브 잡스 등 세상을 바꾼 사람들의 감동적인 이야기를 담은 〈who?〉 시리즈는 어린이들이 희망찬 미래를 그리고 구체적인 목표를 설정할 수 있도록 도와줄 친구이면서 안내자입니다.

송인섭 한국영재교육학회 회장
자기 주도 학습 분야의 최고 권위자로, 한국영재교육학회 회장입니다. 한국교육심리연구회 회장, 한국교육평가학회장, 한국영재연구원 원장을 역임했습니다.

평생을 이끌어 줄 최고의 멘토를 만나다

국제회의 통역사로 30년 동안 활동하면서 세계적인 리더들을 만났던 저는 대한민국의 초등학생들에게 특별한 조언을 해 주고 싶습니다. 그것은 큰 꿈을 가지라는 것입니다. 꿈은 힘들고 지칠 때 나를 이끌어 주는 힘이고 내 인생의 주인이 되어 일어설 수 있게 하는 원동력이 되어 줍니다. 저 역시 어린 시절 품었던 꿈 덕분에 괴롭고 힘들어도 포기하지 않고 다시 일어설 수 있었습니다.

어린 시절 저에게도 용기를 불어넣어 주고 힘이 되어 주었던 분들이 있었습니다. 지금의 자리로 저를 이끌어 준 멘토들처럼 〈who?〉 시리즈에서 여러분의 친구이자 형제, 선생님이 되어 줄 멘토를 만날 수 있기를 바랍니다.

최정화 우리나라 최초 국제회의 통역사
우리나라 최초의 국제회의 통역사로 한국외국어대학교 번역대학원 교수입니다. 세계에서 꿈을 펼치려고 하는 소년들에게 멘토의 역할을 충실히 하고 있습니다.

구성 및 활용법

등장 인물 소개

본문 만화에 나오는 중심 인물을 비롯하여 나오는 인물들을 소개합니다. 이야기를 읽기 전 인물들 대해 미리 알아볼 수 있어요.

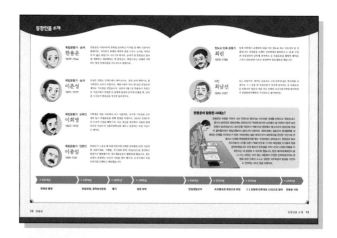

인물 관계도

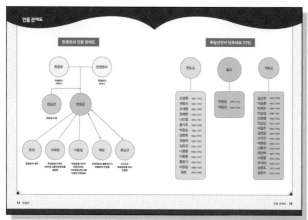

이야기 속 여러 인문들의 관계를 한눈에 보여 줍니다. 이야기 흐름을 파악하는 데 도움을 줄 거예요.

인물 만화

우리나라 역사 인물들을 만화로 만나면 어렵고 딱딱한 역사도 쉽고 재미있게 즐길 수 있어요.

근현대사 흐름 잡기

생생한 사진과 자세한 해설로 근현대사 흐름을 알려 주어 다양한 교과 연계 학습이 가능합니다.

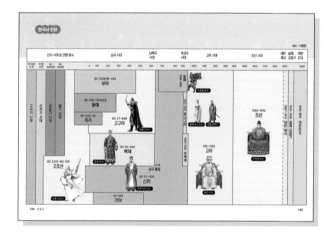

한국사 연표

선사 시대부터 현재까지 이어진 한국사 전체 연표로 역사의 전체 흐름을 이해할 수 있어요.

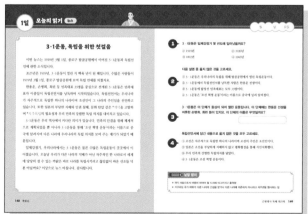

근현대사 독해 워크북

하루에 하나씩 지문을 읽고 문제를 풀어 보세요. 하루하루가 쌓여 문해력이 향상됩니다.

차례

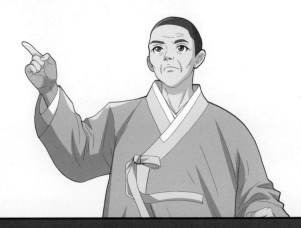

독립운동가 · 승려
한용운
1879-1944

한용운은 어려서부터 한학을 공부하고 이치를 잘 깨쳐 신동이라 불렸어요. 자라면서 외세의 침략과 점점 기우는 조선을 지켜보며 더 넓은 세상으로 나오기로 하지요. 승려가 된 한용운은 불교를 개혁하고 대중화하는 데 앞장섰고, 한편으로는 일제에 저항하는 항일 독립운동을 주도적으로 펼쳤어요.

독립운동가 · 승려
이춘성
1891-1977

춘성은 강원도 인제군에서 태어났어요. 열세 살에 백담사로 출가하면서 승려가 되었어요. 백담사에서 여러 해 동안 한용운의 제자로 가르침을 받았습니다. 1919년 3월 1일 한용운이 독립선언 기념식에서 연설한 뒤 일제에 붙잡혀 감옥에 갇혔을 때, 감옥을 드나들며 한용운을 정성껏 돌보았어요.

독립운동가 · 교육인
이회영
1867-1932

이회영은 명문 가문에서 나고 자랐지만, 자기의 기득권을 모두 내려 놓고 독립운동을 위해 평생을 바쳤어요. 1910년 일제로부터 조선의 국권을 빼앗기자, 모든 재산을 정리해서 식솔과 함께 만주로 떠났으며 신흥무관학교를 세우고 운영하는 독립 자금으로 썼어요.

독립운동가 · 언론인
이종일
1858-1925

1919년 3·1 운동 때 독립선언서에 서명한 민족대표 33인 가운데 한 사람이에요. 서재필, 주시경과 함께 〈독립신문〉을 창간하고 필진으로 활동했으며, 애국계몽운동도 활발하게 했습니다. 천도교에서 운영하는 보성사 사장을 맡아 했으며, 보성사에서 독립선언서를 인쇄하고 배포했습니다.

● 1879년	● 1894년	● 1905년	● 1908년
한용운 출생	청일전쟁, 동학농민운동	출가	일본 유학

천도교 민족 운동가
최린
1878-1958

일제 치하에서 손병희의 뒤를 이어 천도교 최고 지도자가 된 인물입니다. 독립운동 단체인 신민회에서 활동하고 3·1운동 구상과 독립선언서 낭독에 참여하는 등 독립운동을 활발히 했어요. 그러나 1920년대 이후로 변절하여 친일 활동을 했습니다.

시인
최남선
1890-1957

호는 육당이며, 뛰어난 글솜씨로 근대 문학에 많은 발자취를 남겼어요. 3·1 운동 때 독립선언서 작성에 참여하는 등 독립운동을 하였지만 일본의 어용 역사 단체인 조선사편수회에 참여하면서 친일반민족행위자 지식인으로 불리었어요.

한용운이 활동한 시대는?

한용운은 어렸을 적부터 나라 안팎으로 벌어지는 어지러운 정세를 온몸으로 겪었습니다. 열다섯 살이었던 1894년에는 탐관오리의 착취에 항거한 농민들이 봉기하면서 동학 농민 운동이 일어났습니다. 농민군을 진압하기 위해 민씨 정권에서 청나라군과 일본군을 번갈아 끌어들이면서 청일전쟁까지 일어나게 되었어요. 1895년에는 일본군이 명성황후를 살해하는 만행을 저지르는가 하면, 1910년에는 일본 제국주의가 대한제국을 완전한 식민지로 만들려고 강제로 한일병합조약을 맺는 국권피탈이 일어납니다. 한용운은 불교 지도자로서 나라를 되찾기 위해 만주로 가 여러 독립운동 인사들과 뜻을 같이하였습니다. 조선 불교가 민족성을 지켜 나가고 시대의 아픔을 어루만지는 데 앞장설 수 있도록 했습니다. 한편 제1차세계대전이 끝나 가는 1918년, 미국 윌슨 대통령이 주장한 민족자결주의의 영향을 받아 민족이 스스로 결정한 자주독립의 방법을 고안하고 선언하는 데 큰 힘을 보탰어요.

● 1910년	● 1914년	● 1919년	● 1944년
한일병합조약	조선불교회 회장으로 취임	3·1 운동에 민족대표 33인으로 참여	한용운 사망

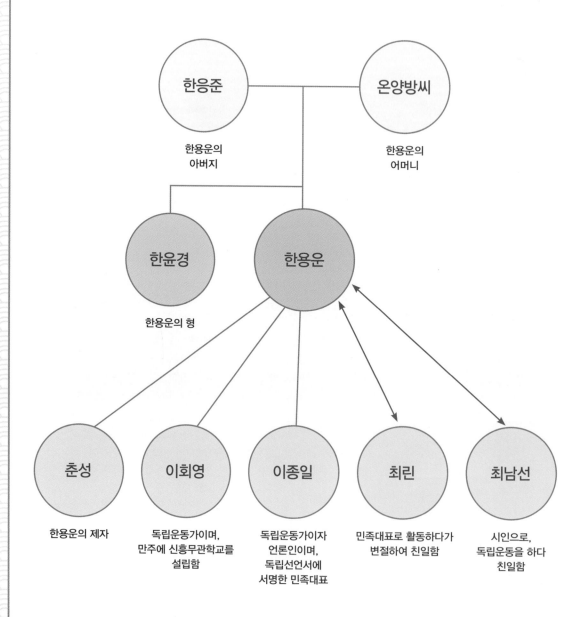

한용운의 인물 관계도

한응준
한용운의
아버지

온양방씨
한용운의
어머니

한윤경
한용운의 형

한용운

춘성
한용운의 제자

이회영
독립운동가이며,
만주에 신흥무관학교를
설립함

이종일
독립운동가이자
언론인이며,
독립선언서에
서명한 민족대표

최린
민족대표로 활동하다가
변절하여 친일함

최남선
시인으로,
독립운동을 하다
친일함

독립선언서 민족대표 33인

천도교

손병희	1861~1922
권동진	1861~1947
오세창	1864~1953
임예환	1865~1949
나인협	1872~1951
홍기조	1865~1938
박준승	1866~1927
양한묵	1862~1919
권병덕	1867~1944
김완규	1876~1949
나용환	1864~1936
이종훈	1856~1931
홍병기	1869~1949
이종일	1858~1925
최린	1878~1958

불교

한용운	1879~1944
백용성	1864~1940

기독교

길선주	1869~1935
이승훈	1864~1930
박희도	1889~1952
이갑성	1889~1981
오화영	1880~1960
최성모	1874~1937
이필주	1869~1942
김창준	1889~1959
신석구	1875~1950
박동완	1885~1941
신홍식	1872~1939
양전백	1869~1933
이명룡	1872~1956
유여대	1878~1937
김병조	1877~1948
정춘수	1873~1953

1919년 3월 1일 아침

후우

드디어 3월의 첫날이 밝았구나. 이날을 얼마나 기다렸던가. 우리 민족의 위대한 독립을 선언하는 이날을!

조선은 일본의 식민지다! 조선인은 열등하다!

나라 잃은 설움이 뼈아프군.

1919년 3월 1일은 우리 민족이 일본의 식민 통치를 거부하고 독립을 위해 떨쳐 일어나 만세 운동을 벌인 날입니다.
3·1운동을 이끈 민족 지도자 가운데 하나가 바로 한용운입니다.

대한 독립의 날은 반드시 온다!

우리는 한용운이라는 인물의 생애를 통해 역사를 되돌아보고 지금의 우리를 되짚어 볼 수 있습니다.
지금부터 한용운의 발자취를 따라가 볼까요?

1 🌺 신동, 의인의 꿈을 키우다

1880년 충청도 홍성 한응준의 집

하하하

유천아~
이리 오렴.

한용운은 1879년 8월 29일 충청도 홍성에서 한씨 집안의 늦둥이로 태어났습니다. '한용운'이란 이름은 훗날 불교 출가 후 얻게 된 것이며, 어릴 적 이름은 '유천'이었습니다.

옳지!
잘도 걷는다!

아장

아장

형 한윤경은 한용운과는 열아홉 살 터울이었고, 혼인하여 한집에서 살고 있었습니다.

다녀왔습니다.

다녀오셨어요.

어서 오거라.

꾸벅

아버지 웃음소리가 담장 밖까지 들립니다.

늘그막에 얻은 자식이라 애틋하신가 보구나. 윤경이 너도 곧 자식을 보면 부모 마음을 알 거다.

한용운의 아버지 한응준은 충훈부 도사라는 말단직 관리를 지냈습니다. 한용운의 집안은 쇠락해 가는 양반 가문이었지만, 적지 않은 농토를 가진 덕분에 양반의 품격은 유지하고 있었습니다.

하 하 하

까르르

* 대학 공자의 가르침을 정리한 유교 경전

대학지도 재명명덕
재친민 재지어지선
(大學之道 在明明德
在親民 在止於至善)

큰 학문의 길은
타고난 밝은 덕을 더 밝게 하는 데 있고,
백성을 새롭게 하는 데 있으며,
지극히 착한 곳에 머무르는 데 있느니라.

자, 지금부터
각자 글을 쓰면서
뜻을 되새겨 보아라.

예끼! 누가 책에 이런 장난을 치느냐!

깡

장난친 것이 아닙니다.

장난이 아니면 무엇이냐?

책에 쓰여 있는 뜻풀이가 마음에 들지 않아 지운 것입니다.

뭐라? 그럼 네가 보기에는 어떤 뜻이더냐?

제가 보기에 이 부분은 더 크게 해석할 수 있을 듯한데….

책에 쓰인 뜻풀이를 그대로 받아들이지 않고 제 나름의 해석을 하다니, 과연 신동이구나.

유천아, 예부터 홍성에서는
구국 영웅들이 많이 나셨느니라.
고려 명장 최영, 사육신 성삼문,
정조 때 영의정을 지낸 채제공 같은 인물
이 홍성 출신이다.

전에 아버지께서
그 인물들에 대해
이야기해 주셨지요?

그래.
기억하고 있구나.

그럼요.
책도 찾아서 읽었는걸요.

너 또한 뜻을 세워
훗날 나라를 위해
의로운 일을 하려무나.

예, 저도 반드시
그렇게 되고 싶어요.

아버지의 격려는 어린 한용운의 가슴속에
뜨거운 애국심을 심어 주었습니다.

몇 년 뒤

유천아, 너도 과거 준비를 해야 하지 않겠느냐.

아버지, 나라가 어지러운 이때 벼슬아치들이 하는 짓을 보십시오.

백성들을 편히 살게 해야 할 자들이 백성의 등골이나 빼먹지 않습니까.

하지만 너라면 벼슬길에 쉬이 오를 것인데….

제가 출세하여 편하게 살기를 바라시는 그 마음을 모르지 않습니다. 하지만….

아버지, 저는 썩어 빠진 벼슬길에는 오르지 않을 것입니다. 아버지께서 말씀하신 의인의 길을 제 스스로 찾을 것입니다.

네 뜻이 이리 굳건하니 막을 도리가 없겠구나.

그 뒤로 아버지는 더 이상 한용운에게 벼슬길에 대한 이야기를 꺼내지 않았습니다.

한용운의 어린 시절 조선의 상황

한용운이 열여섯이 되던 해, 탐관오리의 착취에 지친 농민들이 봉기하며 동학농민운동을 일으켰습니다. 이에 정부는 청나라와 일본을 끌어들이기에 이르지요. 나라 안팎으로 혼란스럽던 한용운의 어린 시절, 조선에서는 어떤 일들이 일어났을까요?

동학농민운동(갑오농민전쟁)

1892년 말, 전라도 고부군 군수로 부임한 조병갑이 갖은 명목을 만들어 농민들을 수탈했어요. 그는 농민들에게 황무지를 개간하면 5년 동안 세금을 면해 주겠다고 약속한 뒤 추수기에 강제로 세금을 거두는 등 갖은 수탈을 두 해 넘게 이어 갔지요. 이에 지친 농민과 동학교도들은 전봉준을 중심으로 1894년(고종 31년) 1월, 봉기했습니다.

동학농민군은 탐관오리의 횡포를 시정하겠다는 정부의 약속을 받고 물러나지만, 고부민란을 조사하러 온 안핵사 이용태는 이들을 되레 역적으로 몰며 탄압했어요. 이에 동학 농민들은 다시 힘을 합쳐 궐기에 나섭니다. 이를 무마하기 위해 정부는 군대를 파견하지만, 동학농민군은 싸움에서 승리를 이어 나가며 당시 호남의 중심인 전주성까지 점령하지요. 이때, 한용운의 아버지 한응준과 형 한윤경은 관군으로 나서 동학농민군에 맞섭니다.

한편, 동학농민군의 기세에 위기를 느낀 정부는 결국 청나라에 도움을 요청했어요. 이때, 일본은 톈진 조약을 빌미로 조선에 발을 들이고, 동학농민군 최고 지도자 전봉준은 정부와 협상 끝에 봉기한 초기부터 농민군이 주장한 폐정개혁을 실시하겠다는 내용을 담은 전주화약을 맺은 뒤 해산했습니다.

하지만 이미 조선에 발을 들인 일본은 물러날 생각 없이 내정 간섭을 이어 가고, 경복궁에 침입해 고종을 감금하는 등 위기가 커지다 결국 청·일 전쟁이 일어났어요. 이에 동학농민군은 일본을 몰아내기 위해 다시 모여 치열하게 싸웠지요. 그러나 신식 무기를 앞세운 일본군과 관군에 의해 패하고, 전봉준을 비롯한 손화중 같은 동학 농민 지도부 대부분이 체포

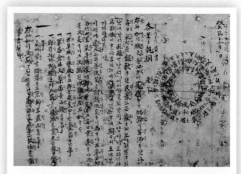

동학농민운동 지도자들 이름이 적힌 문서. 사발통문
©wikipedia

되어 형장의 이슬로 사라졌습니다.

청일전쟁

청일전쟁을 풍자한 1887년 만평 ©Georges Bigot

동학농민군과 정부가 전주화약을 맺으며 청과 일본은 더 이상 조선에 머물 필요가 없어졌습니다. 그러나 일본은 조선을 수탈하려고 계략을 꾸미고 있었지요. 그러다 1894년 7월, 일본이 경복궁을 공격하고 점령하면서 청나라와의 전쟁을 시작했어요. 일본은 평양과 서해를 넘고 압록강을 건너 중국 다롄, 뤼순까지 함락시키며 대규모 학살을 일으켰어요. 이에 청나라는 항복을 선언하고 1895년 4월, 일본과 조약을 맺어 조선과 조공 관계를 끝냈습니다.

홍주의병운동

한용운이 열일곱이던 1895년과 스물여덟이던 1906년, 홍주의병운동이 일어났어요. 일본의 침략에 맞서 양반 유생들을 중심으로 홍주(홍성)에서 벌어진 의병 항쟁이지요.
안창식이 이끈 첫 번째 의병 운동은 곧바로 홍주성을 점령하며 기세를 올렸지만, 관찰사의 개입으로 지도부 대부분이 구금되면서 실패로 돌아갔어요. 이어 민종식을 중심으로 일어난 두번째 의병 운동은 두 달 동안 일본군과 치열한 싸움을 벌여 홍주성을 점령하는 쾌거를 이뤄냈지만, 이후 일본군의 반격으로 수백 명이 희생되고, 지도부는 유배를 가거나 처형되고 말았지요. 외세의 침략에 강렬히 저항하는 민족정신이 담긴 홍주의병운동은 다른 지역의 의병 운동에 영향을 줄 뿐 아니라, 1910년대 독립전쟁과 나아가 3·1운동에까지 계승되었다는 점에서 큰 의의가 있습니다.

여기서
잠깐

임오군란

1882년, 조선 후기, 급료와 보급에서 좋은 대우를 받는 신식 군인보다 구식 군인은 열세 달 동안 쌀을 지급받지 못하는 등 차별이 이어졌어요. 그러다가 겨우 받게 된 쌀에는 모래와 겨가 섞여 있었고요. 이러한 대우가 계속되자 분노한 구식 군인들이 난을 일으키지요. 이를 임오군란이라고 합니다.

2 🌺 출가를 결심하다

1894년 전라도 고부군에서 동학교도와 농민들이 부패한 관리들을 쫓아내려는 민란을 일으켰습니다. 이를 동학농민운동이라 합니다.

더 이상 못 참겠다! 부패한 관리들을 몰아내자!

*동학 농민군의 함성은 무서운 기세로 전국적으로 퍼져 나갔습니다. 그러자 조정은 관군을 소집하여 무력 진압에 나섰습니다.

* **동학** 1860년 최제우가 세운 신흥 종교로, 모든 사람이 평등하다는 '인내천' 사상을 내세웠으며 부패한 양반 사회를 반대하는 혁명적인 성격이 강함

아버지 한응준과 형 한윤경은 동학군을 토벌하는 관군 역할을 수행하기 위해 떠났습니다.
이것이 옳은 길이 아니라고 생각했던 한용운은 큰 좌절감을 느꼈습니다.

한편, 동학군의 기세가 꺾이지 않자 당황한 조정에서는 청나라에 원군을 요청했습니다.

그러자 일본도 가만있지 않았습니다.

우리도 조선에 군대를 파병한다!

다른 나라가 간섭할 빌미를 주어서는 안 되오. 조정과 *화약을 맺읍시다.

우리가 조건으로 제시한 열두 가지 개혁안을 꼭 지키길 바라오.

염려 마시오. 이제 이 소란을 함께 잘 수습하십시다.

1894년, 조정은 동학군의 폐정 개혁안 12개조를 받아들이고 전주화약을 맺었습니다.

* **화약** 화목하게 지내자는 약속

유천아, 이제 네가
이 집안을 이끌어 가야 하지
않겠느냐. 마침 적당한
혼처가 있으니 혼인해라.

혼인이요?

혼인해서
안정을 찾아야지.

어머니 말씀대로
하겠습니다.

한용운은 아버지와 형이 전장에 나가 있던 1892년,
같은 홍성 출신 전정숙과 혼인했습니다.

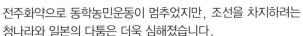
전주화약으로 동학농민운동이 멈추었지만, 조선을 차지하려는
청나라와 일본의 다툼은 더욱 심해졌습니다.

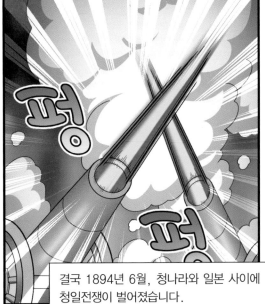
결국 1894년 6월, 청나라와 일본 사이에
청일전쟁이 벌어졌습니다.

그러던 어느 날 한용운의 가족에게
슬픈 소식이 전해졌습니다.

이, 이럴 수가….
아버지와 형님께서….

부르르

아버지 한응준은 사망하였고, 형 한윤경은 행방불명되었다는 소식이었습니다.

으허엉

청일전쟁은 10개월 만에 일본의 승리로 끝났고, 이로 인해 조선에 대한 일본의 영향력이 커졌습니다.

청나라 세력을 잃은 조선 왕비가 이제 러시아를 끌어들이려 한다. 이는 우리 일본이 조선을 장악하고 대륙으로 나아가는 데 걸림돌이 될 것이다.

걸림돌은 빨리 치워야지요.

맡겨 주신다면 제가 그 걸림돌을 제거하겠습니다.

좋다. 제대로 처리하도록.

1895년 10월 8일 일본은 명성황후를 살해하는 만행을 저질렀습니다. 이것이 을미사변입니다.

국모가 왜놈들에게 시해되었소! 왜놈들을 몰아내고 나라를 구합시다!

웅성

옳소! 우리가 뭉칩시다!

웅성

으악

으윽

분개한 백성들은 힘을 모아 의병을 일으켰습니다. 조정에서는 일본 군대의 힘을 빌려 의병 토벌에 나섰지만, 훈련받지 않은 의병은 속수무책으로 무너졌습니다.

부처의 제자가 되려면 과정이 필요한 법. 수행하며 스스로 길을 찾게.

고맙습니다, 스님.

백담사에서 한용운은 *불목하니 노릇을 하며 불교 교리를 배우고 자신의 앞날을 고민했습니다.

* **불목하니** 사찰에서 땔나무를 베고 물을 긷는 일을 하는 사람

백담사에 있는 동안 4년이 흘렀습니다. 하지만 한용운은 마음의 방황을 끝내지 못했습니다.

후우~

그동안 인생 공부를 하겠다고 어머니와 아내의 고생을 모른 척했구나. 이제 집으로 가야겠다.

어머니, 절 받으십시오.

그래, 어서 오너라!

부인, 얼마나 고생이 많으셨소.

아닙니다.

하려던 공부는 끝내고 온 것이냐?

공부에는 끝이 없지요.

4년을 헤매고도 길을 찾지 못하였습니다.

이보게,
한양 다녀온 얘기
좀 해 보게.

한양?
거긴 왜놈 천지라네.
왜놈들이 활개를 치는데
임금은 허수아비 신세니
내일 당장 나라가 망해도
이상하지 않지.

한용운은 가족이 눈에 밟혀 집으로
돌아왔지만, 평안을 누리기에는 시
대가 어지러웠습니다.

에이, 그래도
나라가 망하기야
하겠어?

모르는 소리.
왜놈들이 신식 군대에
신식 무기로
무장했는데
버틸 도리가 있겠나?

그건 그래.
일본은
개화해서
대국이
되었다더군.

그러니 우리가 망국의 백성이 되는 건 시간문제다, 이 말일세.

...

나라의 위기로 백성들이 절망에 빠져 있다. 절망은 사람을 무력하게 만들지.

그렇다. 누군가는 민족의 희망을 일깨워야 한다.

아버지께서 늘 말씀하시던 의인의 길. 내가 가야 할 길이 거기 있지 않겠는가!

불가에 몸을
담기로 하였소.
부인께는
면목이 없소.

정녕 출가를
하시렵니까?
그럼 이 아이는….

사내아이를 낳거든
이름을 '보국'이라 지으시오.
도울 보, 나라 국이오.

네, 부디
몸조심하세요.

1905년, 흔들리는 나라의 운명 앞에서 한용운은 속세의 인연을
끊고 출가했습니다. 훗날 그 발길은 민족을 위한 것이었다고 평
가받았으나, 그로서는 고통스러운 결단이었습니다.

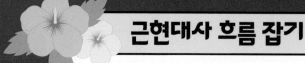
탄압받는 조선의 불교

귀족과의 갈등으로 인한 왕권 약화와 잦은 외세 침략으로 혼란스럽던 조선 전기, 백성들의 불안은 커졌고, 이에 정부는 나라를 한데 뭉칠 방법으로 억불숭유(숭유억불) 정책을 펼치며 불교를 탄압했습니다. 왜 이런 정책을 펼치게 되었는지 자세히 알아보아요.

조선 건국과 유교 강화, 불교 억압의 시작

1392년 태조 이성계가 세운 조선은 불교를 국교로 삼은 고려와 달리 사람 사이의 도리와 윤리, 도덕을 중요하게 생각하는 유교를 바탕에 두며, 이를 기반으로 사회를 꾸려 나가고자 했어요.

하지만 조선 시대 이전부터 이미 크게 번창해 있던 불교의 정치적, 사회적 영향은 매우 컸어요. 왕실이나 귀족은 소원을 이루고 싶거나 죽은 이들의 명복을 빌기 위해 수많은 사찰을 세웠는데, 이를 '원찰'이라 불렀지요. 또한 귀족들은 불교를 지원해 왕과의 관계를 강화했고, 이를 통해 정치적 권력을 손에 쥐었습니다.

백성들은 불교를 통해 종교로서 위안을 얻을 뿐 아니라, 사찰에서 제사를 지내며 죽은 이의 혼을 위로하고 기리는 애도의 방식을 띤 장례 문화를 접하기 시작했어

이성계 어진 ⓒwikipedia

요. 아울러 사찰이 교육의 중심지가 되어 여러 가르침을 받기도 했습니다. 또한 사찰의 벽화와 불상, 불화 등은 백성들 삶에 중요한 문화 요소로 자리 잡았어요. 이처럼 불교는 고려의 국교로 정치는 물론 생활과 예술, 사회 전반에 걸쳐 수많은 사람에게 영향을 끼쳤습니다. 이에 조선은 새로운 나라의 새로운 질서를 세우기 위해 불교를 억압하기 시작했어요.

유교 숭상, 불교 억제 '억불숭유(숭유억불)'

불교를 억압하기 시작한 조선은 유교는 떠받들고 불교는 억누르는 '억불숭유' 정책을 펼칩니다. 이에 따라 승려들은 정부의 허가 없이 도성에 드나들 수 없게 되는 식으로 이동을

제한당했고, 크기가 작은 절은 없애거나 큰 절과 합치게 하는 등 사찰 수를 제한했지요.

뿐만 아니라 사찰이 갖고 있던 토지와 재산을 국가에 귀속시켜 불교의 경제적 기반을 약화하는 한편, 승려 등록 제도인 도첩제를 강화했어요. 도첩제는 국가가 승려에게 도첩을 발행해서 출가를 공식적으로 인정하는 제도예요. 도첩을 받기 위해

조선 유생들이 파괴한 것으로 추정되는 분황사 석조불좌상 ⓒ문화재청

서는 국가에 일정 금액을 납부해야 했지요. 조선이 도첩제를 적극적으로 실시하면서 많은 백성의 출가를 막아 승려의 수가 늘지 못하게 한 거예요.

아울러 승려가 판매, 사업, 부동산 거래 같은 상업 활동을 하지 못하게 했으며, 불교 행사와 의식도 금지하여 교리가 사회로 전파되지 못하도록 했습니다. 이 같은 억압은 조선이 건국된 뒤로 500여 년 동안 이어졌어요.

민간 신앙으로 남은 불교

국가적 차원에서 벌이는 억압에도 불교는 백성들에게 남아 있었습니다. 불교의 교리를 따르는 사람끼리 집에서 모여 불교 의식을 하거나 기도하기도 했고, 장례 같은 불교적 전통을 이어 나갔지요.

그러다 조선 후기, 불교는 외세의 침략과 잦은 전쟁, 특히 임진왜란과 병자호란을 겪으며 지친 백성들의 불안을 달랬으며, 1870년대 조선에서 개화사상이 한창 꽃피우던 때부터 부흥의 기회를 맞이했어요. 개혁적인 사상을 지닌 승려들은 조선을 혁신하려고 앞장섰으며 여러 민란이 일어났을 때 적극적으로 참여하며 민중과 함께했습니다. 아울러 이 시기에 한용운이 불교의 가치 재조명과 개혁을 담은 《조선불교유신론》을 써내며 부흥에 힘을 더했어요.

3 불교계의 큰 인물로 떠오르다

한용운은 백담사에서 정식으로 출가하여 스님이 되었고, '봉완'이라는 *법명을 받았습니다.

봉완 스님, 앞으로 부단히 정진하여 성불하시오.

부디 이끌어 주십시오.

* **법명** 승려가 되는 사람에게 종문에서 지어 주는 이름

한용운은 탁발승 노릇을 하며 수도에 정진하는 한편,
백담사 서가에 있는 수많은 책들을 읽어 나갔습니다.
불경뿐만 아니라 서양의 신학문에 대한 책들도 많이 있구나.
《영환지략》이라….
瀛環志略
세계의 지리와 역사를 소개한 책이로군.

《영환지략》이라는 책은 한용운을 단숨에 사로잡았습니다.

밖에는 이런 넓은
세상이 있구나.
내 눈으로
직접 보고 겪으며
나의 길을 찾겠어!

소승,
넓은 세상을 보고
그 안에서 부처의
뜻을 찾으려 합니다.

자네는 그릇이 크니
큰 세상을
담을 수 있을 걸세.
뜻대로 하게.

감사합니다.

원산으로 가서
*블라디보스토크로 가는
배를 타야지.

* **블라디보스토크** 러시아 시베리아 동남부, 동해 연안에 있는 항구 도시

으윽, 다리에 감각이 없어.

한용운은 내 한복판에서 나아갈 수도 없고 돌아갈 수도 없는 진퇴양난에 빠졌습니다.

도저히 못 가겠어. 이를 어쩌지?

고작 냇물 하나 건너지 못하고 뭐 하는 것인가.

맨몸으로 낯선 이국땅을 다니다 보면 이보다 더한 고난도 수두룩할 텐데 여기서 겁먹다니 한심한 일이다.

그래, 가자!

끄덕

첨

뻥

성큼

성큼

털

해냈다!
일체유심조,
모든 것은 마음먹기에
달린 것이구나.

원산에서 한용운은 목적지가 같은 승려 둘을 만나 동행하게 되었습니다.

반갑습니다!
저는 강원도 백담사에서
왔습니다.

저희는 사찰에
필요한 비용 마련을 위해
여기저기 장사하러
다닙니다.

블라디보스토크는
처음입니다.

여기서 동행을 만나다니
부처님의 은덕입니다.

이게 우리가
탈 기선입니까?
엄청나게 크군요!

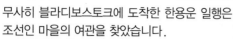
무사히 블라디보스토크에 도착한 한용운 일행은
조선인 마을의 여관을 찾았습니다.

셋이 묵을
방 하나 주십시오.

세 분 정말
승려가 맞습니까?

어서 오세요!

그럼 승려지요.
가짜 승려도
있습니까?

친일파 일진회원들이
가짜 승려 행세를 하고
다니다 들켰어요.
그 뒤로 승려 차림의
외부인은 친일파
일진회원으로 여기고
무조건 죽인답니다.

우리는 진짜
승려입니다. 나라와
동포를 팔아먹는
일진회라면 우리도
당신들 못지않게
미워합니다.

그럼 방을
내드리겠습니다만,
각별히 조심하셔야
할 겁니다.

블라디보스토크에 사는 조선인들은 애국심이 대단하군요. 여기는 친일파가 발도 못 붙이겠습니다.

우릴 일진회원으로 오해하면 어쩌죠?

우리 스스로 당당하면 문제될 것 없지요. 저는 항구 구경 좀 하고 오겠습니다.

여관 주인 말 못 들으셨소? 혼자 다니면 위험합니다.

걱정 마십시오. 제가 생각보다 주먹이 맵습니다, 하하!

먼 타향에서도 조선인들은 고국을 잊지 않았구나.

이렇게 우리 민족이 애국심으로 똘똘 뭉친다면 나라가 바로 설 것이다.

저놈이다!

깜짝

뭐지?

일진회 놈을 묶어서 바다에 던져 버리자!

죽을 고비를 넘긴 한용운은 세계 일주를 포기하고 조선으로 돌아올 수밖에 없었습니다.

강원도 고성 건봉사

한용운은 오묘한 불교의 경지를 깨닫기 위해 건봉사에 머무르며 수행했습니다

건봉사의 큰스님인 만화 선사는 한용운이 승려로서 깊이를 갖추었다고 판단하여 '용운'이라는 법명을 새롭게 내렸습니다.

보기 드문
*용맹정진의
경지로다.

구름을 타고 다니는 용처럼 큰 승려가 되라는 뜻이네.

법명이 부끄럽지 않은 승려가 되겠습니다.

이때 받은 법명 용운이 훗날 그를 가리키는 대표적인 이름이 되었습니다.

* **용맹정진** 용감하고 굳세게 수행에 힘씀

1908년 한용운은 일본으로 건너갔습니다. 일본 불교의 한 종파인 조동종에서 조선 승려를 일본으로 초청한 것입니다.

적을 제대로 알아야
물리칠 수 있는 법.
일본을 속속들이 알 수 있는
기회로 삼아야겠다.

어서 오시오.
나는 조동종의 후지와라
관장이오.

초청해 주셔서
감사합니다.

우리 일본의 문물이
조선보다는 많이 앞서 있을 테니
적응하기가 쉽지 않을 거요.

이런
무례한 자가….

천천히 적응하겠습니다.
그리고 일본어와 불교를
공부하고 싶습니다만.

배우는 걸 좋아하시오?
우리 조동종에서는
대학도 운영하고 있소,
하하하!

원한다면
거기서 공부를 해도
좋소.

감사합니다.

한용운은 대학에서 일본어, 불교, 서양철학 등을 배우고, 일본의 발전한 기술과 체계 등을 눈여겨보았습니다.

한용운은 일본에서 조선인 유학생회 회장 최린을 만났습니다.
최린은 훗날 천도교 지도자로 활동한 인물입니다.

만해 스님,
처음 뵙겠습니다.
최린입니다.

저 또한 만나 뵙게 되어
반갑습니다.

여기 와서 일본의 발전을
제 눈으로 확인하니 놀랍습니다.
우리 조선도 이제 달라져야
하지 않겠습니까?

옳습니다.
우리 같은 유학생들이
조선에 돌아가 보탬이
되어야지요!

일본의 승려들은 체계적인 교육기관에서 교육을 받지요. 따라서 세상을 보는 눈이 밝을 수밖에 없습니다.

호릅

그에 비해 조선의 승려 교육은 주먹구구식이라 안타깝습니다.

교육은 모든 발전의 근간이지요.

쩍

끄덕

또한 조선의 절이 대중과 동떨어진 산중에 있는 것도 문제입니다. 일본의 절들은 보통 마을 안에 있어서 누구나 쉽게 오갈 수 있는데 말이지요.

맞습니다. 대중을 멀리하는 종교는 쇠락하기 마련입니다.

끄덕

민족과 나라의 발전에 동참하기 위해 조선의 불교는 반드시 변해야 합니다!

한용운은 조선 불교의 개혁에도 관심을 가졌습니다.

몇 달 뒤, 한용운은 일본 유학을 마치고 돌아왔습니다.

조선 불교가 변해야 한다는 내 주장을 책으로 써서 사람들에게 알리자.

만해 스님, 또 밤을 새우신 겁니까?

허허, 글이 술술 풀려서 밤새 붓을 놓을 수가 없었다.

좀 쉬면서 하십시오. 그러다 건강을 해칠까 염려됩니다.

고맙구나. 이제 좀 씻어야겠구나.

으익!

어디 불편하십니까?

엉덩이에 땀띠가… 끄응.

아이고, 스님.

한용운은 《조선불교유신론》을 통해 조선 불교가 시대의 발전에 따라 새롭게 나아가야 할 길을 제시했습니다.

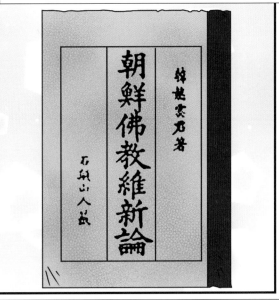

朝鮮佛教維新論

《조선불교유신론》에 담긴 주장은 보수적인 불교계에서 받아들여지지 않았습니다. 하지만 젊은 승려들은 한용운의 개혁적인 주장을 지지했고, 그는 불교계의 큰 인물로 떠올랐습니다.

불교계의 큰 인물로 떠오르다 **65**

 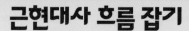

한용운의 불교 혁신

한용운은 불교가 다시 일어나려면 개혁이 필요하다고 강조했어요. 그는 불교가 사회적으로, 종교적으로 제 역할을 하기 위해서는 전통을 지키면서도 현대의 다양한 문화를 받아들여야 한다고 말했지요. 한용운이 말한 불교 개혁은 어떤 것일까요?

불교의 현대화: 임제종 운동

임제종 운동은 불교 개혁 운동 가운데 하나로, 1911년 한용운을 비롯한 박한영 등 지리산 일대에서 활동하는 승려들을 중심으로 펼쳐졌어요. 일제강점기에 일본은 한국 문화와 종교를 억압했어요. 게다가 당시 근대 한국 종교의 최초 종단인 원종이 일본 불교 조동종의 본부를 찾아가 비밀 조약을 맺고 온 일이 있었는데, 이 조약 중에 원종이 조동종의 포교사를 초빙하여 사찰마다 교육하게 한다는 내용이 있었지요. 이는 조선의 사찰 관리권과 포교권 등을 일본한테 주는 것과 같았어요.

이에 대항하며 일본의 사찰이나 불교 교리가 우리 불교에 영향을 끼치지 못하도록 하기 위해 임제종 운동이 시작되었어요. 임제종 운동은 불교를 개혁하되 전통은 이어 가면서 현대적 가치에 맞게 재정립해야 한다는 의의가 있어요.

이에 따라 한용운은 승려도 결혼할 수 있어야 한다고 주장했어요. 사랑은 인간의 자연스러운 감정으로 승려도 이를 누릴 수 있어야 하며, 결혼제도 역시 선택할 수 있어야 한다고 했지요. 또한 그저 사상으로만 머물 게 아니라 불교가 사회 문제에 더욱 적극적으로 참여해야 한다고 힘주어 말했어요. 민중의 삶 속에 더욱 가까이 다가가면서 생활 속에서 불교의 가치를 높이고 사회에도 긍정적인 영향을 끼칠 수 있다고 한 것이지요.

임제종 운동은 불교의 현대화뿐 아니라 항일 운동의 성격도 띠고 있어요. 일본의 지배 아래 위축되던 우리나라

만해 한용운 흉상 ©wikipedia

전통문화와 종교를 다시 부흥시키기 위해 교육 활동, 전통 불교 행사, 사회봉사처럼 민족 의식을 고취하는 활동을 이어 갔어요. 이처럼 우리 민족의 정체성을 되살리는 활동을 적극적으로 해 나가면서 일본 제국주의에 맞섰습니다.

1911년 1월 15일 송광사에서 열린 '조동종 맹약 규탄 대회'에서 한국 불교의 전통이 임제종에 있다는 것을 강조하고, 포교당을 새로 만들어 불교를 대중화하기 위해 노력했어요. 하지만 일제가 한용운을 비롯해 임제종 운동에 참여한 승려들을 체포하고 포교 활동을 탄압하는 바람에 임제종 운동은 계속되지 못했습니다.

불교의 대중화: 선교진흥론과 조선불교 청년동맹

한용운은 불교가 억압받는 백성들의 삶을 위로하고 괴로움으로부터 구제하기를 바랐습니다. 그는 불교가 가진 종교적, 사회적 의미에 대해 깊이 고민하였고, 이내 불교 대중화 운동인 선교 진흥론을 펼치지요.

그는 1920년부터 한문으로 된 불경을 우리말로 옮겨서 더 많은 백성이 쉽게 불교 교리를 받아들일 수 있도록 널리 퍼뜨렸습니다. 특히 1924년 여러 불경의 중요한 대목을 모아 《불교대전》으로 엮어 대중에 알렸어요.

아울러 불교의 대중화를 선언한 뒤 젊은 불교 신자들과 '조선불교 청년동맹'을 결성해 본격적으로 움직였어요. 조선불교 청년동맹은 불교의 철학을 담은 교육과 경전 같은 불교 서적을 읽고 토론하는 독서 모임을 꾸렸고, 불교 경전이나 교리 해설서 번역과 출판, 불교 축제와 무용 공연 같은 문화 행사와 사회봉사를 이어 갔습니다

조선불교유신론

《조선불교유신론》은 한용운의 대표작으로 불교 부흥을 위한 이론과 실천을 담은 책이에요. 1913년 발행한 이 책은 불교 현대화의 필요성은 물론 구시대적 사고를 답습하는 당시 불교를 비판하는 내용을 담아 현재까지도 불교계에서 본보기가 되고 있습니다.

그는 책에 불교의 전통을 회복하면서도 현대적 실천 방향을 제안했고, 아울러 일제강점기라는 당시 상황을 반영하여 민족의 정체성을 지키고 강화하는 역할을 강조해야 한다는 내용을 담았습니다.

《조선불교유신론》
ⓒ한국민족문화대백과

4 🌺 3·1운동의 중심에 서다

1910년 8월 29일, 일본의 강요에 의한 한일병합조약으로 *대한제국은 역사의 뒤안길로 사라졌습니다. 우리나라는 일본의 식민지가 되고 만 것입니다.

* 대한제국 1897년 조선 고종 때 새로 정한 우리나라의 국호

나라를 빼앗겼단 말이오, 나라를! 그런데 이 와중에 밥이 술술 넘어가시오!

아무리 속세를 등진 승려 신분이로서니, 나라를 잃은 치욕에 어찌 이리 무심들 한지….

나라의 힘이 약하니 이런 치욕을 당하는구나.

그 무렵 불교계에서는 조동종 맹약 사건이 터졌습니다. 조동종 맹약이란 해인사 승려 이회광이 일본으로 건너가 조선의 원종과 일본의 조동종이 연합한다는 조약을 비밀리에 맺은 것입니다.

탁

조선 불교가 일본 불교 발밑에 들어가는 건 있을 수 없는 일입니다!

나라를 잃은 마당에 어찌 이런 일이….

이회광, 이 능구렁이 같은 배신자!

보고만 있어서는 안 됩니다. 전국 사찰을 돌면서 뜻있는 승려들의 지지를 모아 조선 불교를 지켜 내야 합니다!

우리도 돕겠습니다!

전라남도 순천 송광사

만해, 어서 오십시오. 뜻이 같은 동지를 만나니 눈물이 날 것 같습니다그려.

저도 마찬가지입니다. 동지를 더 많이 모아야 뜻을 이룰 수 있을 텐데요.

얼마 전 조동종 맹약 반대 집회를 열고자 했는데, 참가하겠다는 사람이 적어서 무산됐습니다.

이 사건의 부당함을 사람들이 쉽게 이해할 수 있도록 설명한다면 우리에게 힘을 보탤 이들이 많아질 것입니다. 같이해 봅시다!

만해가 오니 천군만마를 얻은 것 같습니다!

한용운은 호남 지방 사찰을 돌며 조동종 맹약의 부당함을 알렸습니다.

그런데 불교마저 일본의 손아귀에 들어간다면 우리 민족은 무엇에 기댄단 말입니까? 아마 뿔뿔이 흩어져 길을 잃고 말 것입니다.

잃어버린 나라를 되찾으려면 불교 정신 아래 우리 민족이 굳게 뭉쳐야 합니다.

구구절절 옳은 말이야.

암, 조선 불교가 일본 불교 밑에 들어갈 수는 없지.

끄덕

조선의 원종은 일본의 조동종과 연합한다는 조약을 맺음으로써 민족을 배신했습니다. 따라서 우리는 더 이상 원종을 따르지 않을 것입니다.

새롭게 임제종을 창설하여 조선의 불교를 지켜 냅시다!

이렇게 창설된 임제종은 민족의 정신과 문화를 지켜 나가는 민족 불교를 표방했습니다. 임제종의 수장 격인 종무원장으로는 선암사의 경운 스님이 뽑혔습니다.

하지만 경운 스님은 나이가 많아 활발히 활동할 수 없었기에 한 달여 뒤 한용운이 임제종 종무원장으로 새로 뽑혔습니다. 서른세 살의 젊은 지도자 한용운에게 보내는 지지는 그만큼 컸습니다.

부처를 따르고 민족을 위하며 종단을 이끌겠습니다.

불교 지도자로서 나라를 되찾는 일에 힘을 보태고 싶었던 한용운은 만주로 떠났습니다. 만주는 많은 애국지사들이 망명해 간 독립운동 기지였습니다.

만주로 망명한 이회영 선생을 만나 보자.

한용운은 만주에서 이회영, 박은식, 김동삼 등을 만나 독립운동에 대한 의견을 나누었습니다. 한용운과 이미 교분이 있었던 이회영은 훗날 *신흥무관학교를 세운 인물입니다.

먼 곳까지 오느라 고생하셨습니다.

이회영 선생, 오랜만에 뵙습니다!

서로 인사들 나누시지요.

저는 김동삼입니다.

박은식이오. 말씀 많이 들었소.

* **신흥무관학교** 1919년 만주에 세운 독립군 양성 기관

만주에 머물던 한용운이 1911년 굴라재라는 고개를 넘던 중이었습니다.

아까부터 누가
내 뒤를 따라오는 것
같은데….

조금만 더 가면
민가가 나올 거야.

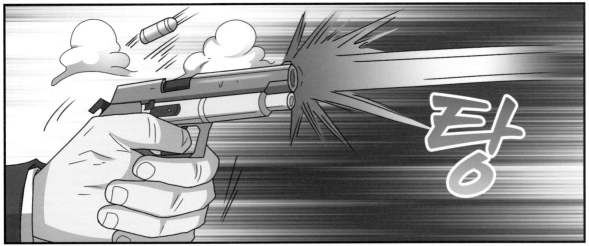

머리를 깎은 한용운을 일본의 정탐꾼으로 오해하여 총을 쏜 것입니다.

두둥

관세음보살이시여!

네 생명이 위태로운데 어찌 가만히 누워 있느냐? 일어나 목숨을 구하라.

다음 날

의원

뼛속에 탄환 파편이 박혀 있습니다.

그럼 빼 주십시오.

그게… 지금 마취제가 없습니다.

고통은 참을 수 있으니 당장 빼 주십시오.

마취도 없이 수술받겠단 말입니까?

나는 수행하는 승려입니다. 고통도 수행의 일부이지요.

한용운은 마취 없이 탄환 파편을 빼는 고통스러운 수술을 견뎌 냈습니다.

만주에서 요양한 뒤 고국으로 돌아온 한용운은 '조선불교회'를 조직했습니다. 첫째는 불교의 대중화가 목적이었고, 둘째는 독립운동을 펼치는 것이었습니다.

전국의 큰 사찰 주지들이 대부분 친일로 돌아섰습니다.

이러면 민족 불교의 맥이 끊깁니다.

우리 조선불교회가 나섭시다!

옳소!

이대로 두고 볼 수는 없습니다!

한용운은 전국의 사찰을 돌며 열띤 강연을 했습니다. 특히 젊은 승려와 학생, 지식인들이 그의 강연에 큰 호응을 보냈습니다.

불교의 가르침이 개개인의 깨달음에만 머물러서는 안 됩니다. 불교가 시대의 아픔을 민족과 함께 짊어져야 합니다!

만해의 강연은 언제 들어도 속이 뻥 뚫린다니까.

《조선불교유신론》을 쓴 이도 만해지?

맞아. 일본 눈치만 보는 땡중들과는 본디부터 다른 인물이라니까!

한용운은 청년, 지식인, 대중들이 존경하는 불교계의 상징적인 인물로 자리매김했습니다.

이 무렵, 미국 윌슨 대통령이 선언한 민족자결주의는 독립운동의 불씨를 당겼습니다.

민족은 다른 민족의 간섭 없이 스스로 운명을 결정할 수 있어야 한다.

윌슨 대통령

한용운은 일본 유학 중 인연을 맺었던 최린을 찾아가 독립운동에 대한 의견을 나누었습니다. 당시 최린은 천도교 지도자로 활동하고 있었습니다.

만해, 민족자결주의란 실로 마땅한 사상이 아니겠소?

맞소이다. 세계적으로 이런 자유의 분위기가 흐르니 우리 민족 또한 이 기회에 반드시 독립을 이루어야 하오.

끄덕

한용운은 유교의 영향력 있는 인물인 곽종석을 만났습니다.

유교가 민족의 중대사를 보고만 있는 것이 부끄럽던 참이오. 죽을 날이 얼마 안 남은 이 늙은이라도 힘을 보태겠소이다.

어르신, 정말 고맙습니다!

독립 선언을 이끌 민족대표 서른세 명이 정해졌습니다. 천도교 인사 열다섯 명, 기독교 열여섯 명, 불교 두 명이었습니다. 안타깝게도 곽종석의 문서가 하루 늦게 도착하는 바람에 유교 측 인사는 민족대표단에 이름을 넣지 못했습니다.

천도교 측에서는 최남선에게 〈독립선언서〉 작성을 부탁했습니다. 최남선은 당대 천재로 불린 문인이었습니다.

기꺼이 선언서를 쓰겠습니다. 하지만 민족대표단에 이름을 올리지는 않겠습니다.

나는 *육당의 태도가 이해되지 않소. 독립 선언서는 쓰되 거사의 전면에 나서지는 않겠다니….

학자로만 남겠다 하니 뭐 어쩌겠소.

그런 어정쩡한 태도가 마음에 걸린다는 거요.

만해, 육당이 쓴 〈독립선언서〉는 읽어 보셨소? 과연 명문이더이다.

문장은 훌륭하나, 내용이 좀 길고 어렵더이다. 어린아이도 알아들을 만큼 쉬워야 하는데….

그건 그렇지.

* 육당 최남선의 호

아무래도 내가 다시 써야겠소.

당장 인쇄에 들어가야 해서 시간이 없는데….

그렇다면 끝에 세 가지 내용을 덧붙이겠소.

세 가지 약속

하나, 오늘 우리의 독립 선언은 정의, 인도, 생존, 존영을 위한 민족의 요구이니, 오직 자유로운 정신을 드날릴 것이요, 결코 배타적 감정으로 함부로 행동하지 말라.

둘, 최후의 일인까지 최후의 일각까지, 민족의 정당한 뜻을 마음껏 드러내라.

셋, 모든 행동은 질서를 존중하여 우리의 주장과 태도를 떳떳하고 정당하게 하라.

독립운동의 방향이 명확히 드러나니 아주 좋소이다! 이렇게 인쇄하지요.

〈독립선언서〉 인쇄는 천도교에서 운영하는 인쇄소 보성사가 맡았습니다.

독립 선언서를 여기서 인쇄한다는 게 알려지면 절대 안 됩니다.

걱정 마십시오.

팽팽한 긴장감 속에서 3만 5000장의 〈독립선언서〉가 비밀리에 인쇄되었습니다.

1919년 3월 1일, 날이 밝았습니다.

드디어 오늘이다!
대한제국의 독립을 만방에 알리고
우리 민족의 자유를
반드시 되찾을 것이다!

척

척

민족대표들은 당초 파고다 공원에 모일 예정
이었으나 음식점 태화관으로 장소가 변경되었
습니다. 공원에 모인 군중들이 흥분하면 과격
한 행동을 할 수 있고, 이를 빌미로 일본 경찰
이 무자비하게 진압하여 희생자가 생길 것을
걱정했기 때문입니다.

약속된 오후 2시, 태화관에 모인 인원은 스물아홉 명이었습니다.
기독교계 인사 네 명은 지방에 머물고 있어 오지 못했습니다.

민족대표 이종일이 독립선언서를
낭독하기 시작했습니다.

스
윽

우리는
대한제국의 독립을
세계만방에 알리기 위해
여기 모였습니다!
먼저 독립선언서를
낭독하겠습니다.

낭독을 시작할 때 사뭇 떨리던 이종일의 목소리는
점점 단단하고 우렁차게 변해 갔습니다.

우리는 오늘 조선이 독립한 나라이며,
조선인이 이 나라의 주인임을 선언한다.
(중략)
우리 가여운 자녀에게 고통스러운 유산 대신
완전한 행복을 주려면, 우리에게 가장 급한 일은
민족의 독립을 확실하게 하는 것이다.
(중략)
아, 새로운 세상이 눈앞에 펼쳐지는구나.
힘으로 억누르는 시대가 가고, 도의가 이루어지는
시대가 오는구나.
그래서 우리는 떨쳐 일어나는 것이다.
(중략)
수천 년 전 조상의 영혼이 안에서 우리를 돕고,
온 세계의 기운이 밖에서 우리를 지켜 주니, 시작이
곧 성공이다. 다만, 저 앞의 밝은 빛을 향하여
힘차게 나아갈 뿐이다.

민족대표들의 가슴은 굳은 결의와 뜨거운 감동으로 벅차올랐습니다.

같은 시각, 파고다공원에서도 학생 대표가 독립선언서를 낭독하고 있었습니다. 어느새 군중들이 구름 떼처럼 모여들었고, 태극기와 독립선언서의 물결로 뒤덮였습니다.

일본 경찰들에게
포위당했습니다!

우리가
여기서 독립을
선언한다는 걸
미리 알렸으니,
올 게 왔을
뿐이오.

동지들, 우리 모두 끝까지 당당하게 행동합시다!

끄덕

이거 놓아라!
내 발로 갈 것이다.

대한 독립 만세!

조용히 해! 너희도 경찰서에 가고 싶어?

쿠당탕

저 어린 소학생들마저 한마음 한뜻이구나.

불교계에서 뻗어나간 3·1운동

일제강점기에 불교는 종교로서 역할을 할 뿐 아니라 항일 운동에도 힘을 더했습니다. 항일 운동에 참여하는 것은 물론, 중심이 되어 이끌기도 했지요. 일본 불교에 대항하며 한국 불교의 전통을 고수하면서 민족불교를 지키려 애쓰는 한편, 3·1운동에 적극적으로 나서며 독립에 대한 의지를 불태웠답니다.

불교와 항일 운동

불교는 항일 운동에 적극적으로 나섰어요. 승려들이 항일 의병 전쟁에 의병으로 직접 참여하는 것은 물론, 임제종 운동을 일으킨 것처럼 승려가 항일 운동의 중심에서 이끌기도 했습니다. 그뿐만 아니라 3·1운동에도 적극적으로 나섰답니다. 불교는 왜 3·1운동에 적극적으로 참여했을까요?

일제강점기에 일본은 일본 불교의 교리와 의식을 강제로 도입하고, 사찰을 통제하며 일본식 불교를 강요했어요. 또한 일본의 승려들을 우리나라에 보내 일본식 불교를 전파하면서 우리나라 전통 불교의 교리와 관습을 무시하는 일이 자주 일어났지요. 이처럼 승려들은 일제의 침략이 펼쳐지는 동안 불교 교리를 역행하고 우리 민족성을 말살하는 일이 잦아지자, 저항감이 커질 수밖에 없었어요.

한편, 임제종 운동이 일어나면서 우리 민족의 정체성을 강화하고 우리나라 전통 불교를 지켜야 한다는 생각이 많은 사람에게 퍼져 나갔어요. 임제종 운동의 정신을 이어 가는 것이 곧 민족불교가 나아가는 방향이라는 인식 아래 불교계가 3·1운동에 참여하게 되었지요.

조선 말 개화기 때 불교 근대화의 하나로 불교 학교가 여럿 세워졌어요. 그곳을 다닌 청년들은 불교 근대화와 민족적 의식을 높이는 것을 가장 중요하게 배웠지요. 그래서 1919년에 일어난 3·1운동에서 중심이 되어 적극적으로 참여했습니다. 또

독립의 의지와 당위성을 선포한 기미독립선언서 ⓒ대한민국역사박물관

한 1912년에 사찰령이 시행되면서 이에 의문을 품는 불교 신자가 많았어요. 사찰령은 일본이 우리나라 사찰과 승려를 통제하고 억압하는 제도로, 승려의 자격을 제한할 뿐 아니라 일본 불교 기준에 맞는 사람만이 승려가 될 수 있었어요. 이 밖에도 친일 주지들이 사찰 운영을 이어 가는 식으로 우리나라 전통 불교를 일본 입맛에 맞게 바꿨지요. 그러자 이에 저항하는 사람들이 생겼고, 그들은 사찰 밖에 모여 민족불교를 이어 갔습니다.

불교계가 이끈 3·1운동

한용운은 이미 3·1운동이 있기 전부터 10년 동안 불교의 민족의식을 높이기 위해 앞장섰습니다. 이에 불교계를 대표해 민족대표 33인 가운데 한 명으로 뽑히지요. 한용운이 독립운동을 하기로 마음먹은 것은 일본 유학 당시, 천도교계에서 독립운동에 앞장선 최린을 만난 뒤부터입니다. 한용운과 최린은 일본에서 연을 맺은 뒤 1919년 1월, 본격적으로 3·1운동을 도모하지요.

한용운은 여러 독립운동가와 함께 3·1운동의 기조가 되는 독립선언서를 쓰고, 대표로 서명했습니다. 최린 역시 천교도 신도들과 함께 여러 시위에 참여했습니다. 이 같은 활동이 전국적으로 퍼져 나가면서 3월 1일, 수많은 사람이 거리로 쏟아져 나왔습니다.

동아일보 기사에 실린 3·1운동 관련자들
ⓒwikipedia

탑골 공원

탑골 공원은 3·1운동 때 독립선언서가 낭독된 장소 가운데 한 곳으로 옛날에는 파고다 공원으로 불렸습니다. 이 곳에서 민족대표 33인 중 한 사람인 정재용이 독립선언서를 낭독한 뒤 독립 만세를 불렀고, 이어 학생들이 태극기를 꺼내 흔들며 "대한 독립 만세!"를 외쳤어요. 그 뒤로 공원을 나서 현재 삼일대로에서 행진을 이어 갔습니다. 이때 수많은 군중이 함께하며 대대적인 독립운동으로 발전했습니다.

5 🌺 민족의 명시를 쓰다

한용운은 감옥에 갇히기 전 민족대표들에게 세 가지 원칙을 제안했습니다.

> 변호사를 대지 말 것, 사식을 넣지 말 것, *보석을 요구하지 말 것. 우리가 감옥에 가더라도 이 세 가지 원칙은 지킵시다.

***보석** 피고인이 일정한 돈을 내면 감옥에서 풀려난 상태로 재판을 받을 수 있는 제도

> 이보시오! 변호사를 대야 하겠으니 전화를 쓰게 해 주시오.

하지만 고달픈 수감 생활이 길어지자 이 원칙을 깨는 사람이 생겨났습니다.

한용운은 옥중에서 *묵비권을 행사했습니다.

내 나라 땅에서 내가 일본인의 심문에 꼬박꼬박 답을 하는 게 말이 되는가. 그러니 종이와 연필을 달라.

한용운은 검사의 심문에 대한 답변을 글로 적어 냈습니다. 어떤 참고 자료도 없이 무려 쉰세 장에 걸쳐 써 내려 간 글 '조선 독립의 서'는 한국 근대사에 길이 남을 명문입니다.

자유는 만물의 생명이요, 평화는 인생의 행복이다.
자유가 없는 자는 시체와 같고,
평화를 잃은 자는 가장 큰 고통을 겪는 사람이다.
그러므로 자유를 얻기 위해서는 생명을
터럭처럼 여기고 평화를 지키기 위해
서는 희생을 달게 받는 것이다.
이것은 인생의 권리인 동시에 또한 의무이기도 하다.

* 묵비권 수사 기관의 심문에 대해 진술을 거부할 권리

스승님!
몸은 괜찮으십니까?

걱정할 정도는
아니네.

면회 시간 끝났소!

그건 뭐요?

갈아입을 의복을 가져왔는데
필요 없다 하셔서 도로 가져갑니다.

가 보쇼.

휴, 다행이다.

한용운이 쓴 '조선 독립의 서'는 당시 옥바라지를
하던 한용운의 제자 이춘성에 의해 비밀리에 감옥
밖으로 전달되었습니다. 많은 독립운동가들이 이
글을 돌려 가며 읽고 외울 만큼, 한용운의 글은 큰
영향력을 발휘했습니다.

민족의 명시를 쓰다 **101**

한용운의 재판 날이 되었습니다.

11306번!

한용운의 태도는 재판정의 무거운 공기에 짓눌리지 않고 당당하고 의연했습니다.

선언서에 적힌 '최후의 일인까지 최후의 일각까지'라는 말은 폭동을 부추긴 것 아닌가?

폭동을 부추겼다니 당치 않다. 조선 사람 한 사람이 남더라도 독립운동을 하라는 것이다.

피고는 이 일로 처벌될 줄 알았는가?

나는 내 나라를 세우는 데 힘을 다했는데, 어찌 그것이 벌 받을 일이겠는가.

피고는 이후에도 조선 독립운동을 할 것인가?

뿌득

그렇다. 내 몸이 없어진다면 정신만으로도 독립운동을 할 것이다.

끄응,
이자가 끝까지….

끄응~

스승님의 이 같은 용기는
어디서 나온단 말인가!

피고 한용운에게
3년형을 선고한다!

땅

땅

한용운은 독립운동의 주모자로 지목되어 3년형을 선고받았습니다.
민족대표 가운데 여덟 명이 그와 같은 3년형을 받았습니다.

손과 발이 얼어서
동상에 걸리겠소.
제발 모포 좀 주시오.

조용히 해!
여기가 여관인 줄
알아?

두려움과 고통에
굴복해서는 안 된다. 일체유심조,
모든 것은 마음먹기에 달려 있다.

1921년 12월

한용운은 3년의 고된 형기를
마치고 출감했습니다.

스승님!

저기 만해가 나오셨소!

만해 스님!

우르르

출감 후 한용운은 '철창철학'이라는 주제로 강연을 시작했습니다. 불교 대중화를 위한 강연이면서도 그 안에 민족의식을 담았기 때문에 많은 청중들이 그의 강연에 귀를 기울였습니다.

스승님, 저기 일본 형사가 보입니다. 말씀 한마디 한마디를 조심하셔야 합니다.

걱정 말게.

끄덕

1925년 한용운은 자신이 승려로 거듭났던 백담사로 향했습니다.

백담사에 딸린 작은 암자 오세암에서 한용운은 시를 쓰는 데 몰두했습니다.

시는 내 마음을
비추는 거울이고,
내 염원을 담은 기도다.

한용운의 문학적 감성은 이 시기에 찬
란한 꽃을 피웠습니다. 짧은 시간에
90편의 탁월한 시를 썼고, 그 가운데
〈님의 침묵〉이 있습니다. 민족, 중생,
님을 그리워하는 사랑의 노래가 〈님의
침묵〉이라는 명시로 태어났습니다.

<님의 침묵>

님은 갔습니다. 아아, 사랑하는 나의 님은 갔습니다.
푸른 산빛을 깨치고 단풍나무 숲을 향하여 난 작은
길을 걸어서 차마 떨치고 갔습니다.
황금의 꽃같이 굳고 빛나던 옛 맹세는 차디찬 티끌이
되어서 한숨의 미풍에 날아갔습니다.
날카로운 첫 키스의 추억은 나의 운명의 지침을 돌려
놓고, 뒷걸음쳐서 사라졌습니다.
나는 향기로운 님의 말소리에 귀먹고, 꽃다운 님의 얼
굴에 눈멀었습니다.

3·1운동을 이끈 민족대표들

일제강점기 동안 독립운동가들은 나라를 독립시키려고 갖은 애를 썼어요. 이에 한용운과 최린과 이승훈 등은 3·1운동을 계획했고, 이를 실천할 민족대표 33인을 꾸렸지요. 민족대표 33인은 우리나라의 독립과 민족의 자주성을 기르는 데 큰 역할을 했어요. 3·1운동을 주도한 민족대표 33인 중 대표적인 사람들을 만나 보아요.

손병희(1861~1922년)

손병희는 천도교의 지도자로서, 3·1운동을 주도했어요. 그는 3·1운동에서 대표로 독립선언서를 낭독하고 만세를 외치며 우리나라의 강력한 독립 의지를 드러냈지요.

그는 스물두 살 때인 1882년에 동학에 입교했어요. 동학 제2대 교조 최시형에게 종교의 가르침을 받는 동안 사회를 개혁하고 민중의 권리를 지키는 것이 중요하다는 것을 크게 깨달았지요. 1905년에 천도교를 창건하고 교주로 활동하는 동안에도 그가 깨달은 사상을 바탕으로 민족교육과 계몽, 독립운동을 적극적으로 이어 갔어요.

천도교 지도자 손병희 ⓒwikipedia

그는 3·1운동을 이끌며 수많은 독립운동가와 협력해 조직적이고 체계적으로 독립운동을 준비했어요. 같은 목표를 가지고 나아가기 위해 독립운동의 방향성을 잡고, 천도교 신도뿐 아니라 일반 대중을 대상으로 설교와 집회를 하며 독립운동에 참여할 수 있도록 독려했지요. 또한 3·1운동이 열리는 장소를 정하고 독립선언서를 우선 낭독해 보는 등 구체적인 시위 순서를 계획하며 체계적인 독립운동을 하는 데 앞장섰습니다.

이승훈(1864~1930년)

이승훈은 교육자이자 3·1운동의 중심인물 가운데 한 명입니다. 이승훈은 평안도에서 태어나 열다섯 살부터 장돌뱅이 일을 해서 큰돈을 모았어요. 사업가로서 승승장구했지만, 1904년 러일전쟁이 있은 뒤로 일본 자본이 들어오면서 그의 사업은 큰 타격을 받았지요. 하던 일이 번번이 일본의 방해로 실패하면서 그는 민족의 현실에 눈뜨게 되었습니다.

1907년, 이승훈은 평양 쾌재정에서 안창호 선생의 교육 진흥론 연설을 듣고, 깊은 감명을 받아 민족교육을 위한 강명의숙을 열었습니다. 그리고 두 달 뒤에는 오산학교를 열었는데, 오산학교는 이봉창, 윤봉길 등 걸출한 독립운동가가 나온 곳입니다. 또한 이승훈은 1907년 세워진 독립운동 단체 신민회에서 활동하며 독립운동에 앞장섰어요. 그러다가 무관학교 밀고 사건인 안악사건에 연루되어 제주도로 유배되는가 하면, 조선총독부가 없는 죄를 만들어 내어 105명의 독립운동가를 감옥에 가둔 105인 사건에 휘말려 옥살이하였습니다. 이런 일제의 탄압에도 이승훈은 독립운동을 이어 가며 3·1운동에 참여, 민족대표 33인 가운데 기독교 대표로 참가해 독립선언서에 서명했어요.

오세창(1864~1953년)

오세창은 서예가이자 언론인으로, 손병희와 함께 천도교의 중심이 되어 독립운동에 앞장섰습니다. 그는 언론인으로서 〈만세보〉(1906년)를 창간했으며, 초대 사장으로 취임했습니다. 〈만세보〉는 독립운동 소식 등을 전하며 독립운동가들에 중요 정보를 전달하는 창구 역할을 할 뿐 아니라, 민족 문화와 사회 문제들을 다루며 대중을 일깨웠지요.

오세창은 손병희와 함께 3·1운동을 기획하는 일뿐 아니라 일제강점기 전반에 걸쳐 언론 활동과 민족교육 활동을 비롯해 다른 나라에 우리나라 독립의 필요성을 알리는 외교 활동 역할도 했어요. 아울러 1946년 8월 15일, 민족대표로 일본으로부터 약탈당한 대한제국의 국새를 돌려받기도 했습니다.

보성사

보성사는 1910년에 설립된 인쇄소입니다. 그 당시 광문회의 신문관과 더불어 인쇄계를 주도하여 한국 출판 문화 향상에 크게 공헌했어요. 보성사의 가장 큰 업적은 독립선언서를 인쇄한 곳이라는 점이에요. 당시 보성사 사장이자 민족대표 33인 중 한 사람인 이종일은 1919년 2월 27일, 보성사에서 독립선언서를 인쇄할 수 있도록 했어요. 인쇄된 독립선언서를 자기 집에 가져다 놓았다가 다음 날, 전국 각지로 보내어 3월 1일 독립 선언식을 무사히 치를 수 있었습니다.

현재 서울시 종로구에 남아 있는
보성사의 터 ⓒwikipedia

6 봄을 기다리다

육당 최남선이 변절해
*중추원 참의에 올랐다는
소식 들으셨습니까?

소문이 파다한데
어찌 모르겠소.

중추원 참의라니
어이가 없군요.

일본이 이처럼 돈과 권세를
미끼로 회유하니, 흔들리는 이가
점점 많아지겠어요.

＊중추원 참의 조선 총독부 자문 기관의 벼슬아치

우리가 뭉칠수록
독립은 빨리 옵니다.
반드시 그러합니다!

이 자리는
최남선의
장례식이오.

한용운은 무력감에 빠져 있는 지식인들을 꾸짖으며, 함께 뭉쳐 싸우는 것만이
독립을 이루는 유일한 길이라고 강조했습니다.

변절자는 없는 사람
취급을 하겠다는 거군.
정신이 번쩍 나네.

며칠 뒤

만해 선생, 오랜만에
뵙습니다!

최린의 집

아이고~

아이고~

아이고~

아침부터 이게 무슨
곡소리인가?

웬 승려가 우리 집 앞에서
곡을 하고 있어요!

뭐라고?

만해가 아니시오?
여기서 뭐 하는 거요?

아이고~

한용운은 끝내 돌아보지 않았습니다. 이것이 오랜 동지였던 한용운과 최린의 마지막이었습니다.

스승님, 저 왔습니다.

어서 오게.

어휴, 방이 냉골입니다. 점심은 드셨습니까?

쌀이 떨어져서 굶었네.

몸도 성치 않으신데 끼니를 거르면 몸이 축납니다.

하루이틀 굶는 건 참선에도 좋다네.

스승님, 절에 자주 오시는 어느 노 보살께서 스승님의 중매를 서겠다 합니다.

중매라니?
나더러 결혼을
하란 말인가?

스승님께서
주장해 오신 불교 개혁
중에 승려의 결혼을
허해야 한다는 내용도
있지 않습니까?

그래도 이 나이에
무슨….

노 보살님은 평소
스승님을 존경해서 꼭
좋은 인연을 맺어 주고
싶으시답니다.

가난하고 병든 데다가
고집만 센 중을
누가 좋다 하겠는가.
됐네.

저도 그게 이상하지만
좋다는 사람이
있다네요.

주위의 성화에 한용운은 중매를 받아들였고, 36세의 간호사 유숙원과 부부의 연을 맺었습니다.

이 무렵 백양사의 한 스님이 성북동 산기슭에 가지고 있던 자그마한 땅을 내놓고 주변에서 십시일반으로 도운 덕에 한용운 부부는 작은 기와집을 마련했습니다.

남쪽이 이리 탁 트였는데 왜 굳이 북향으로 집을 짓는지 몰라.

이 집에 살 주인이 북향집을 고집했대.

집을 남향으로 앉혀야 해가 잘 들 텐데요.

집에서 매일 그놈의 돌집을 바라보기가 싫어서 북향으로 지어 달라 했소.

'그놈의 돌집'이라니요?

조선총독부 말이오.

집에서 멀리 떨어진 조선총독부 건물이 실제로 보일 리는 없었지만, 그만큼 일본의 지배에서 벗어나고자 하는 한용운의 의지는 일상 곳곳에 배어 있었습니다.

'심우장'이라
써 있네요.

소를 찾는 집,
즉 큰 도를 깨친다는 뜻이오.

심우장은 상징적인 장소가 되었습니다. 승려, 불교 신도, 사상가, 문인, 학생 등 한용운을 따르는 많은 이들이 심우장을 찾았습니다.

결혼 이듬해 유숙원은 딸 영숙을 낳았습니다.

고생했소.

지금이라도 영숙이를 호적에 올려야 하지 않겠어요?

나는 호적을 만들 생각이 없소. 왜놈이 관리하는 호적에 조선인이 어찌 이름을 올리겠소.

그래도 학교는 보내야지요. 호적이 없으면 학교도 못 갈 텐데….

일본어, 일본 역사나 배우는 학교에 가서 뭐 하겠소! 글은 내가 직접 가르치겠소.

영숙은 영특하여 한글을 금세 뗐습니다.

제법이구나, 허허.

아버지, 이건 무슨 글자예요?

어린 딸이 가리킨 것은 신문에 찍혀 있는 일본 글자였습니다.

그건 글자가 아니니 몰라도 되는 거란다.

1937년 3월 독립군 지도자 김동삼 장군이 서대문 형무소에서 세상을 떠났습니다. 그는 '만주의 호랑이'로 불린 기개 넘치는 인물로, 몇 년 전 일본 경찰에 체포되어 모진 옥살이를 했습니다.

김동삼 사망

아아, 조선의 별이 졌구나!

일본에 꼬투리를 잡힐까 무서워 누구도 나서려 하지 않는 상황에서 한용운은 당장 형무소로 달려갔습니다.

김동삼 장군의 시신을 인계받으러 왔소.

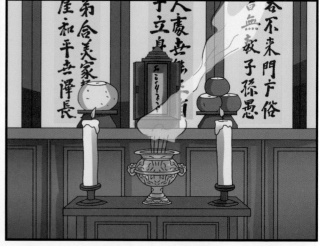

한용운은 김동삼의 시신을 심우장으로 옮기고
장례를 치렀습니다.

김동삼의 장례식장을 찾아온 사람은 스무 명쯤밖에 안 되었습니다.

장례식장이
이렇게 썰렁해서야….
김동삼 장군께
면목이 없네요.

두려움 앞에서
대부분의 사람들은
비겁함을 택하지.
우리는 그 두려움을
이길 줄 알아야 한다.

학병이 되어 대일본제국의
영광스러운 승리에 앞장섭시다!

우리 같은 학생도 병사가
될 수 있다는 건가?

맞아. 신문에서 봤는데,
학병이 되어 싸우는 게
영광스러운 거래.

정말?

그렇다니까.
유명한 사람이 쓴 글이야.
내가 내일 신문을 가져올 테니까
너도 한번 읽어 봐.

태평양 전쟁에서 밀리던 일본은 학병 모집에 안간힘을 쏟았습니다. 친일 인사들이 학병 지원을 부추겨 어린 학생들을 전쟁터로 내몰았습니다.

저기 학병이
지나간다!

꽃다운 조선의 아들들이
일제의 총알받이가 되다니….

뿌득

계십니까?

쾅
쾅

저는 매일신보의
기자인데, 만해 선생을
뵈러 왔습니다.

그럼 사진만이라도….

뭐?

이런 고약한 놈!
썩 꺼져!

그 따위 글일랑
매일신보 사장
최린한테 가서
청탁해라!
아주 잘 써 줄 거다!

독립운동에 몸담았던 이들 가운데 일본의 겁박이나 회유에 넘어가 친일에 앞장서는
사람도 점차 늘어 갔습니다. 하지만 한용운은 결코 신념을 꺾지 않았습니다.

내 숨이 다하는 그날까지
조국과 후손에게
부끄럽지 않게 살 것이다.

집집마다 군인들이 놋그릇을 빼앗아 가고 있어.

총알이 모자라서 그런데.

학병에 놋그릇에…. 아주 씨를 말리네.

모두가 희망을 잃어 갈 때도 한용운은 조국의 봄을 기다렸습니다.

1944년 6월 29일, 한용운은 예순여섯에 심우장에서 눈을 감았습니다. 그는 안타깝게도 열네 달 뒤에 다가올 광복의 날을 마주할 수 없었습니다.

으허엉

만해가 없으니
이제 누가 우리를 엄하게 꾸짖어 줄까….

* **다비식** 시신을 화장하는 불교식 장례

한용운의 장례는 많은 이들의 애도 속에서 *다비식으로 치러졌습니다.

한용운과 함께 독립운동을 했던 조종현은 한용운에
대해 이렇게 썼습니다.

'만해는 중이다. 그러나 중이 되려고 중이 된 건 아
니다. 항일 투쟁하기 위해서다.
만해는 시인이다. 하지만 시인이 부러워 시인이 된
건 아니다. 님을 뜨겁게 절규했기 때문이다.
만해는 웅변가다. 그저 말을 뽐낸 건 아니고, 심장
에서 끓어오르는 것을 피로 뱉었을 뿐이다. 어떻게
하면 그렇게 될까?
그에게 뜨거운 생각이 있었기 때문이다.'

문학을 통해 꿈꾼 나라의 독립

한용운은 나라의 독립을 꿈꾸며 많은 문학 작품을 발표했습니다. 그의 시 가운데서도 〈님의 침묵〉(1926년)은 사랑을 이야기하면서도 빼앗긴 나라의 슬픈 정서를 담고 있어 많은 사람들의 가슴을 울렸지요. 문학을 통해 나라의 독립을 꿈꾼 한용운의 작품 세계를 들여다볼까요?

〈님의 침묵〉(1926년)

님의 침묵

한용운

님은 갔습니다. 아아, 사랑하는 나의 님은 갔습니다.

푸른 산빛을 깨치고 단풍나무 숲을 향하여 난 작은 길을 걸어서 차마 떨치고 갔습니다.

황금의 꽃같이 굳고 빛나던 옛 맹세는 차디찬 티끌이 되어서 한숨의 미풍에 날아갔습니다.

날카로운 첫 키스의 추억은 나의 운명의 지침을 돌려놓고 뒷걸음쳐서 사라졌습니다.

나는 향기로운 님의 말소리에 귀먹고 꽃다운 님의 얼굴에 눈멀었습니다.

사랑도 사람의 일이라 만날 때에 미리 떠날 것을 염려하고 경계하지 아니한 것은 아니지만,

이별은 뜻밖의 일이 되고 놀란 가슴은 새로운 슬픔에 터집니다.

그러나 이별을 쓸데없는 눈물의 원천으로 만들고 마는 것은 스스로 사랑을 깨치는 것인 줄 아는 까닭에 걷잡을 수 없는 슬픔의 힘을 옮겨서 새 희망의 정수박이에 들어부었습니다.

우리는 만날 때에 떠날 것을 염려하는 것과 같이 떠날 때에 다시 만날 것을 믿습니다.

아아, 님은 갔지마는 나는 님을 보내지 아니하였습니다.

제 곡조를 못 이기는 사랑의 노래는 님의 침묵을 휩싸고 돕니다.

〈님의 침묵〉은 사랑하는 님을 떠나보낸 이별의 슬픔을 이야기하면서도, 다시 만날 희망과 믿음을 이야기하고 있습니다. 여기서 '님'은 진심으로 사랑했던 님 또는 빼앗긴 나라로 해석할 수 있어요. 이별을 사랑의 아픔으로 승화시키면서도 넓은 의미로는 나라를 빼앗긴 민족의 상실감으로 나란히 두었지요. 떠나 버린 사랑하는 이가 곧 '나라'인 셈이에요.

1926년 회동서관에서 간행된 시집 《님의 침묵》
ⓒwikipedia

이 시가 이별의 슬픔만을 이야기하는 것은 아닙니다. 한용운은 '우리는 만날 때에 떠날 것을 염려하는 것과 같이 떠날 때에 다시 만날 것을 믿습니다. / 님은 갔지마는 나는 님을 보내지 아니하였습니다.'와 같은 구절에서는 일제강점기라는 시대 상황 때문에 나라의 주권을 일본에 넘겨주었으나, 우리나라를 향한 사랑이 변하지 않는다는 것을 보여 주고 있어요. 아울러 나라를 반드시 되찾아 오겠다는 의지도 함께 담고 있습니다.

〈알 수 없어요〉, 〈나룻배와 행인〉(1926년)

〈알 수 없어요〉에서 화자는 인간이 헤아릴 수 없는 자연현상에 대해 끊임없이 질문을 던집니다. 이 질문은 실체가 없는 절대자(불교적 의미)를 탐구하는 한편, 결코 이해할 수 없는 영역이 있다는 인간의 한계를 인정하고 받아들이는 것으로 이어지지요.

기다림을 노래한 〈나룻배와 행인〉에서 '나룻배'는 사랑하는 이를 위해 헌신하는 이, 곧 불교적 진리를 탐구하는 이와 독립운동가를 뜻하기도 해요. 나룻배를 타고 떠나가는 '행인'은 불교적 진리이자 나라를 의미하지요. 나룻배는 기다림 끝에 만남이 있을 것이라는 희망을 품고 하염없이 행인을 기다립니다.

두 시가 불교의 진리를 탐구하고 나라의 독립을 꿈꾸는 한용운의 처지와 많이 닮았지요? 이처럼 한용운은 자신이 탐구하는 종교적 진리와 독립운동을 사랑으로 나란히 두어 누구나 쉽게 공감할 수 있게 했습니다.

남한산성 만해기념관

만해기념관은 외세의 침략이 만연하고 일본의 찬탈이 이어지던 시대에 독립운동가이자 시인이며 승려였던 만해 한용운 선생의 삶과 사상을 기리기 위해, 유품 같은 관련 자료를 전시하는 기념관입니다.

이 기념관은 만해 선생의 나라 사랑과 민족 정신, 문학적 업적, 그리고 철학적 사상을 후세에 전

만해기념관 전경 ⓒ남한산성만해기념관

하고자 하는 목적을 가지고 있습니다. 만해기념관은 사립 박물관으로, 원래 1981년 서울 성북동 심우장에 설립되었으나, 1998년 5월부터 경기도 광주시 남한산성으로 이전하여 재개관하였어요. 만해기념관은 한용운의 삶을 한눈에 살펴볼 수 있는 상설전시실을 비롯해 기획전시실, 교육 행사 등을 갖추고 있답니다.

기념관에 들어서면 오른편에는 한용운 선생의 흉상이, 그 건너편에는 한용운 선생의 넋을 기린 최동호 시인의 시 '꽃 한 송이 기리는 삼월의 노래'를 만날 수 있어요.

만해기념관 내부 ⓒ남한산성만해기념관

상설전시장에서는 한용운 선생의 나라 사랑과 독립정신을 엿볼 수 있는데요. 한용운 선생의 삶을 중심으로 독립운동에 뛰어든 계기와 불교로의 귀의, 독립운동과 문학의 연결을 사진과 함께 설명하고 있습니다. 아울러 한용운 선생의 살아있을 적 독립정신을 담아 낸 편지글, 유묵, 저술, 수택본을 비롯한 다양한 자료를 살펴볼 수 있어

요. 특히 독립운동에 관한 자료와《님의 침묵》같은 시집의 160여 종의 판본, 관련 연구서와 논문이 소장되어 있어 선생의 문학적 업적을 직접 확인할 수 있습니다.

기획전시실에서는 스님과 시인의 삶 가운데 놓인 한용운 선생의 특별한 철학이 담긴 한시 전시와 우리 겨레의 풍경을 담은 다양한 사진전, 미술전처럼 때에 따라 다양한 전시를 만날 수 있어요. 기념관 밖에는 한용운 선생님의 시비와 건립 기념비 같은 조형물들이 세워진 정원을 만날 수 있습니다. 이곳에 온 사람들이 정원을 산책하며 한용운 선생의 사상을 기릴 수 있어요.

교육 행사로는 한용운 선생의 나라사랑 정신과 독립정신, 시문학정신을 다양한 매체로 만날 수 있는 '만해학교'와 청소년을 대상으로 한용운 선생의 정신을 담은 문학 활동 백일장 '만해문학 백일장'이 열리고 있어요. 아울러 한용운 선생의《님의 침묵》을 읽으며 인상 깊은 구절을 부채 또는 전등, 족자 등에 쓰고 그려 넣으며 상상력과 창의력을 기르는 참여 행사도 열리고 있습니다.

만해 한용운 선생 생가

충청남도 홍성군 성곡리에는 한용운이 태어나고 자란 생가가 있어요. 한용운은 여기서 어린 시절을 보내며 한학을 익혔지요. 한용운의 생가는 낮은 야산을 등진 양지 쪽에 자리 잡고 있는데, 생가가 쓰러져 없어진 것을 1992년에 복원했다고 해요. 초가지붕이 있는 집은 방 두 칸, 부엌 한 칸으로 이루어져 있고, 문패에는 '한용운'이 쓰여 있어, 한용운이 그곳에서 언제나 살고 있을 것 같기도 해요.

생가 가까이에 만해사, 만해문학체험관, 민족시비공원도 있으니, 만해 한용운의 삶을 생생하게 느껴 보고 싶다면 한번 방문해 보세요.

만해 한용운 선생 생가 ⓒ충남서부보훈지청

한국사 연표

선사 시대 및 연맹 왕국				삼국 시대							남북국 시대
약 70만 년 전	약 1만 년 전	BC 2000년경	BC 400년경	0	100	200	300	400	500	600	

구석기 시대

신석기 시대

청동기 시대

철기 시대

BC 200년경~494
부여

BC 200~300년경
동예

BC 200~56
옥저

BC 37~668
고구려

주몽(고구려)

BC 2333~BC 108
고조선

BC 18~660
백제

온조(백제)

676
삼국 통일

BC 57~935
신라

박혁거세(신라)

단군(고조선)

42~562
가야

후삼국 시대	고려 시대				조선 시대				대한 제국	일제 강점기	대한 민국

900	1000	1100	1200	1300	1400	1500	1600	1700	1800	1900	2000

발해
698~926

대조영(발해)

901~918 후고구려

궁예(후고구려) 견훤(후백제)

900~936 후백제

1392~1910
조선

1897~1910 대한 제국

1910~1945 일제 강점기

1945~였젎 대한민국

918~1392
고려

이성계(조선)

왕건(고려)

하루 한 장 **한국사**와 **국어** 실력 쌓기
만화로 만난 인물을 **독해**로 만나다!

who?

근현대사
독해 워크북

역사의 이해도를 넓히고 문해력을 키워 주는
근현대사 독해 워크북 특징!

1 **하루 15분 꾸준한 독해 활동을 도와줍니다.**

매일 1장씩 7일 동안 학습하면 성취감이 올라가고
자기 주도 학습 능력을 키울 수 있습니다.

2 **한국사 인물을 글과 문제로 깊이 이해합니다.**

만화로 알게 된 인물에 더욱 공감할 수 있고
역사적인 사실을 더 자세히 알 수 있습니다.

3 **다양한 형식의 글을 경험할 수 있습니다.**

일기, 편지, 강연록, 뉴스, 신문 사설, 광고문 등을 통해
문해력은 물론 국어의 모든 영역이 발달합니다.

한용운

3·1운동, 독립을 위한 첫걸음

이번 뉴스는 1919년 3월 1일, 종로구 탑골공원에서 이어진 3·1운동과 독립선언에 관한 소식입니다.

2025년은 1919년, 3·1운동이 열린 지 백육 년이 된 해입니다. 수많은 사람들이 1919년 3월 1일, 종로구 탑골공원에 모여 독립 만세를 외쳤지요.

한용운, 손병희, 최린 등 민족대표 33명을 중심으로 전개된 3·1운동은 민족대표자 이종일이 독립선언서를 낭독하며 시작되었습니다. 독립선언서는 우리나라가 자주적으로 독립한 하나의 나라이며 조선인이 그 나라의 주인임을 선언하고 있습니다. 또한 일본의 부당한 지배와 인권 침해, 문화 탄압 같은 *폐악을 고발하며 *자주독립의 필요성과 우리 민족의 강렬한 독립 의지를 내비치고 있습니다.

3·1운동은 우리 역사에서 커다란 의미가 있습니다. 민족의 단결을 위해 체계적으로 계획되었을 뿐 아니라 3·1운동을 통해 '조선 혁명 운동'이라는 이름으로 중국에 알려지며 다른 나라에 우리나라의 독립 의지를 보여 주는 계기가 되었기 때문입니다.

일제강점기, 우리나라에서는 3·1운동은 물론 수많은 독립운동이 곳곳에서 이어졌습니다. 오늘날 우리가 다른 나라의 지배가 아닌 자주적인 한 나라로서 세계에 당당히 설 수 있는 까닭은 바로 나라를 독립시키려고 끊임없이 싸운 선조들 덕분 아닐까요? 이상으로 뉴스 마칩니다. 감사합니다.

1 ▶ 3 · 1운동은 일제강점기 몇 년도에 일어났을까요?

① 1919년   ② 1926년

③ 1892년   ④ 1945년

2 ▶ 다음 설명 중 옳지 않은 것을 고르세요.

① 3 · 1운동은 우리나라의 독립을 위해 탑골공원에서 열린 독립운동이다.

② 3 · 1운동에서 독립선언서를 낭독한 사람은 한용운 선생이다.

③ 3 · 1운동에 앞장선 민족대표는 모두 33명이다.

④ 3 · 1운동은 '조선 혁명 운동'이라는 이름으로 중국에 널리 알려졌다.

3 ▶ 3 · 1운동은 이 단체가 중심이 되어 열린 운동입니다. 이 단체에는 한용운 선생을 비롯한 손병희, 최린 등이 있지요. 이 단체의 이름은 무엇일까요?

4 ▶ 독립선언서에 담긴 내용으로 옳지 않은 것을 모두 고르세요.

① 조선은 자주적으로 독립한 하나의 나라이며 조선의 주인은 조선인이다.

② 일본은 조선을 부당하게 지배하지 않고 평화협정을 통해 식민지화했다.

③ 우리 민족의 강렬한 독립의지를 담았다.

④ 3 · 1운동은 조선 혁명 운동이다.

✏️ **낱말 풀이**

● **패악** 사람으로서 마땅히 하여야 할 도리에 어그러지고 흉악함

● **자주독립** 국가 따위가 다른 나라의 간섭을 받거나 다른 나라에 의존하지 아니하고 자주권을 행사하는 일

핍박의 시대에서 불꽃처럼 피워 낸 한용운의 삶

여러분 반갑습니다. 역사학자 박다산입니다. 오늘은 만해 한용운 선생의 일생을 따라가 보려고 합니다. 우리 민족이 일본에게 핍박받던 시기에 한용운 선생은 어떤 삶을 살았을까요?

한용운 선생은 열여섯에 한학을 배우기 시작한 뒤 스물셋, 불교에 귀의해 승려가 됩니다. 조선의 국교는 유교였기에 그 이전 나라 고려의 국교인 불교는 500년 동안 억압을 받습니다. 그렇기에 한용운 선생은 출가한 뒤로 줄곧 사회 안에서 불교의 역할과 부흥에 대해 깊이 고민했어요. 이런 고민을 바탕으로 1913년, 불교 개혁에 대한 의의를 저술한 《조선불교유신론》를 발표합니다.

한용운 선생은 종교 개혁뿐 아니라 독립운동에도 앞장섭니다. 그는 불교계를 대표해 1919년 3·1운동에 참여했으며, 독립선언서에 서명한 33인 가운데 한 명이기도 해요. 독립선언서는 일제강점기 우리나라의 독립과 자주권을 외친 역사적 문서로, 이를 통해 수많은 사람들이 우리 민족의 정체성과 독립 열망에 눈을 떴지요. 한용운 선생은 3·1운동 이후 투옥 등 힘겨운 상황에 맞닥뜨리면서도 독립운동을 이어 갑니다. 그러면서도 1926년, 나라를 빼앗긴 슬픔과 독립의 투지를 담은 〈님의 침묵〉을 발표합니다. 〈님의 침묵〉은 나라를 빼앗긴 슬픔을 노래하면서도 이를 극복하고자 하는 삶의 의지와 깊은 고뇌, 철학을 담은 작품으로 우리나라 문학에서 빼놓을 수 없는 시로 자리 잡았습니다.

오늘은 여기까지 하고, 다음 시간에 더 재미있는 이야기를 가지고 오겠습니다. 감사합니다.

1 고려의 국교는 불교였으나, 불교를 통해 귀족들이 부를 쌓고 이 다음 나라, 조선의 왕권을 위협하게 되어 이성계는 이것을 조선의 국교로 세웁니다. 사람 사이 예와 도덕을 중시하는 이 종교는 무엇일까요?

① 동학   ② 기독교

③ 유교   ④ 천주교

2 설명에 맞는 제목을 찾아 선으로 이으세요.

① 불교 개혁의 의의를 담아 한용운 선생이 저술한 글   ·   ·   ㉠ 님의 침묵

② 나라를 빼앗긴 아픔과 독립의 열망을 담아 한용운 선생이 쓴 시   ·   ·   ㉡ 독립선언서

③ 일제강점기 우리나라의 독립과 자주권을 외친 역사적 문서로 불교계를 대표해 한용운 선생이 서명하였다.   ·   ·   ㉢ 조선불교유신론

3 다음 설명 중 옳지 않은 것을 고르세요.

① 《조선불교유신론》은 한용운 선생이 불교 개혁에 의의를 두고 1926년 발표했다.

② 한용운 선생은 독립선언서에 서명한 33인 가운데 한 명이다.

③ 〈님의 침묵〉은 1913년에 발표되지 않았다.

④ 한용운 선생은 스물셋에 불교에 귀의해 승려가 되었다.

4 다음 글을 읽고 알맞은 말에 표시하세요.

● 한용운 선생은 (3·1운동 / 억불숭유) 이후 투옥되는 등 힘겨운 상황에 맞닥뜨렸다.

● 유교는 (조선 / 신라 / 고려 / 백제)의 교리이다.

오랜 동료였던 최린에게

빼앗긴 나라의 슬픔에 응하며 3·1운동에 앞장서고, 우리나라의 독립을 위해 모든 것을 바쳤던 동료의 변절은 내게 큰 슬픔이었네. 하지만 이내 정신을 차리고 보니 자네 같은 사람은 언제고 나라를 버릴 수 있다는 사실을 깨달았네.

창씨개명을 했더군. 카야마 린이라지? 자네가 나라를 팔기로 작정한 뒤로 소식을 알고 싶지 않았지만, 매일신보며 온갖 신문에 자네 이름이 떠다니더군. 일본 앞잡이 노릇을 열심히 한다는 걸 잘 알겠더군.

일본이 전쟁하는 데 힘을 더하는 조선임전보국단에서 주최하는 각종 징병제 행사에도 참석한다지. 학병제에 찬성하며 징병을 종용하는 글도 썼어. 참 대단해. 조선의 젊은이를 일본에 갖다 바치는 일을 하면 돈을 얼마나 주길래....? 자네가 최린이라는 이름 대신 선택한 카야마 린이라는 이름을 언제까지 쓸 수 있는지, 자네도 나도 똑똑히 지켜보기로 하세.

나는 자네를 몰랐고, 모르며, 앞으로도 모를 걸세.

나라를 저버린 기분은 어떤가?

일본의 앞잡이로 살아가는 기분은 어떤가?

뜻을 같이한 동료들을 바람처럼 지워 버린 기분은 어떤가?

수많은 조선인이 외친 독립 만세가 들리지 않는 기분은 어떤가?

자네가 죽을 때까지 평생 곱씹으며 살길 바라네.

답장은 하지 말게.

만해

1　빈칸에 들어갈 말을 쓰세요.

_____ 는 일본 제국주의를 찬양하며 전쟁에 힘을 보태기 위해
애쓴 단체입니다. _____ 가 주최하는 각종 징병제에
최린이 참석하였지요.

2　독립운동가였던 최린은 친일로 변절하며 이것을 했습니다. 일본이 조선인에 강제
하며 우리 민족의 얼을 파괴하고 일본 천황에 복종하게 하기 위해 시행한 이것은
무엇일까요?

① 연 나이　　　　　　　　　　② 창씨개명

③ 학병제　　　　　　　　　　　④ 사찰령

3　다음 설명 중 옳지 않은 것을 고르세요.

① 최린은 일본식 이름이 있다.

② 최린은 일본의 학병제에 찬성해 일본의 젊은 청년들의 징병을 종용하는 글을 썼다.

③ 최린은 불교인이다.

④ 최린은 한용운, 손병희와 대표해 3 · 1운동을 이끌었다.

4　다음을 읽고 빈칸에 들어갈 알맞은 말을 쓰세요.

_____ 는(은) 10대 젊은 청소년들이 군대에 강제로 끌고 가는
것을 뜻합니다. 특히 일제강점기, 많은 조선 청소년이 일본에 의해 강제로 징용되어
전쟁 등에 끌려갔어요.

더 넓은 세계를 만나다

원산 항구에서 배를 타고 블라디보스토크에 도착했다. 반드시 더 나은 사상을 받아들여 많은 사람이 더 쉽게 불교를 받아들이도록 하고 싶다.

블라디보스토크는 풍경이 낯설 뿐 아니라 춥기도 제법 춥다. 또한 나의 민머리와 승복 때문에 봉변을 당하기도 했다. 동포들이 나를 일진회로 오해한 것이다. 일진회는 을사늑약을 지지하며 친일 짓을 일삼는 무리다. 더군다나 러일전쟁에서 일본이 승리한 뒤로 많은 일진회원이 블라디보스토크로 건너온 모양이었다. 그들의 •행패가 심각한 수준이라고 한다. 그런가 하니 동포들이 수상한 조선 사람이 보이면 달려들 수밖에.

독립운동하고 있기에 그런 무리로 오해받은 것이 퍽 억울하였으나, 낯선 땅에서 낯선 사람을 경계하는 것을 충분히 이해할 수 있기 때문에, •구사일생으로 목숨은 건졌기에 다행으로 안다. 다시 조선으로 돌아갈 수밖에 없었지만, 새로운 세상을 만나고자 하는 나의 열망은 식지 않았다. 듣자 하니 다양한 서양 문물은 반드시 일본을 거쳐 조선으로 들어온다는 것을 알게 되어 일본행을 결정했다.

여섯 달 동안 일본에 머무르며 수많은 서양의 문물을 접할 수 있었다. 특히 일본인인 아사다 교수의 도움으로 동경조동대학에서 불교와 서양철학을 들을 수 있었다. 또한 이곳에서 천도교 동지 최린을 만나게 되었다.

블라디보스토크에서 구사일생으로 살아남아 희한하게도 일본에서 새로운 인연을 만나고 공부할 수 있게 되었다. 더 넓은 세계를 만났으니, 이제 우리 불교의 민족의 독립을 위해 애써야겠다.

1 한용운이 유학 간 곳과 거기서 오해받은 단체가 무엇인지 고르세요.

① 모스크바, 광복회　　　　　　　② 블라디보스토크, 신민회

③ 블라디보스토크, 일진회　　　　④ 도쿄, 민족대표 33인

2 아래에서 설명하는 단체가 무엇인지 고르세요.

> 한용운은 일본인인 아사다 교수의 도움으로 이곳에서 불교와 서양철학을 들을
> 수 있었습니다. 이곳의 이름은 무엇인가요?

① 동경조동대학　　② 동경미술대학　　③ 오사카대학　　④ 조선한인대학

3 한용운이 세계 여행을 하다가 일본으로 가기로 한 까닭은 무엇일까요?

① 천도교 동지 최린을 만나기 위해

② 많은 사람이 더 쉽게 불교를 받아들일 수 있도록 하기 위해

③ 일진회를 만나기 위해

④ 다양한 서양 문물이 일본을 거쳐 조선으로 들어온다는 것을 알게 되어서

4 다음 설명 중 옳지 않은 것을 고르세요.

① 일본은 러일전쟁에서 승리했다.　　② 일진회는 을사늑약을 지지한 친일파다.

③ 한용운은 블라디보스토크에서 유학 생활을 무사히 마친 뒤 세계 여행을 했다.

④ 한용운은 여섯 달 동안 일본에 머물며 아사다 교수의 도움으로 공부했다.

✏️ **낱말 풀이**

● **행패** 체면에 어그러지는 난폭한 짓을 버릇없이 함. 또는 그런 언행
● **구사일생** 아홉 번 죽을 뻔하다 한 번 살아난다는 뜻으로, 죽을 고비를 여러 차례 넘기고 겨우 살아남을 이르는 말

우리 모여 전통 불교를 지킵시다!

존경하는 불교인 여러분, 1910년, 한일병합조약 이후 나라의 기근이 무너지고 있습니다. 아울러 원종의 이회광이 일본 불교인 조동종과 맹약을 체결하기에 이르렀지요.

일본은 우리 민족의 정신을 말살하는 것은 물론 전통문화와 이제는 우리 전통 불교에까지 손을 뻗치고 있습니다. 우리 함께 모여 우리 불교를 지키고 일본에 맞섭시다!

---

1. 조직 소개

• 명칭: 임제종

• 목적

　•일본 불교의 난입을 막고 우리 민족 전통 불교의 정체성을 지켜 나갑니다.

　•전쟁을 통해 국가의 목표를 달성하려는 일본의 군국주의를 따르는 조동종을 저지하기 위해 교육, 문화 활동, 사회 활동을 이어 가며, 우리의 존재를 알립니다.

　•혼란의 시대, 우리 민족들을 살피고 봉사하는 사회 활동을 통해 평화에 앞장섭니다.

　•일본 불교의 교리 대신 우리 불교 교리를 가르치고 배우며 전통을 지켜 나갑니다.

　•음악, 춤과 같은 우리 전통문화 행사를 마련하여, 우리 전통문화를 지키고 계승합니다.

2. 참여 자격

　• 우리 불교의 전통을 지키고자 하는 모든 사람

3. 주요 활동지 및 주최자

　• 부산의 범어사

　• 한용운, 박한영 외 다수의 지리산 일대 승려들

1 ▶ 임제종 운동이 하는 일이 아닌 것을 고르세요.

① 일본 문물 전파

② 전통 문화 행사

③ 봉사 등 사회 활동

④ 불교 교리 교육

2 ▶ 아래 글에서 빈칸에 들어갈 말을 쓰세요.

_____ 은 전쟁을 통해 국가의 목표를 달성하려는 일본의

군국주의를 따르고 있다.

3 ▶ 임제종 운동에 중심으로 참여한 두 사람이 알맞게 짝지어진 것을 고르세요.

① 한용운, 이봉창

② 박한영, 유관순

③ 안중근, 윤봉길

④ 한용운, 박한영

4 ▶ 다음 글에서 설명하는 조약이 무엇인지 쓰세요.

일제의 침략으로 이 조약이 체결되며 우리나라는 국권을 상실했습니다. 임제종
운동의 시작이 된 사건이기도 하지요. 1910년 체결된 이 조약은 무슨 조약일까
요?

_____

한용운 선생의 아름다운 작품 세계

한용운 선생은 산문을 비롯해 다양한 작품을 발표했습니다. 오늘은 한용운 선생의 아름다운 시 두 편 〈복종〉과 〈사랑의 측량〉을 소개하려 합니다.

먼저 〈복종〉은 1926년 발표된 시집 《님의 침묵》에 수록된 시로, 권위와 복종의 관계를 깊게 고민하고 있습니다. 한용운 선생은 이 시에서 다른 사람의 말을 따르는 복종이 늘 나쁘지 않으며 가끔은 그런 상황에서도 스스로를 잃지 않고, 나름의 방법으로 저항하며 자신을 찾고 지키는 것이 중요하다고 말하고 있습니다. 자기 선택에 의한 복종은 어느 때에도 자유로울 수 있음을 드러내며 당시 일제강점기 식민 지배에 대한 거부와 저항을 역설적으로 표현하고 있습니다.

〈사랑의 측량〉은 사랑과 관계에 대해 역설적으로 멀어질수록 사랑이 깊어진다고 말하고 있어요. 이는 당장 조국을 일본에 빼앗기며 그 거리는 멀어진 상태이지만, 조국을 향한 사랑은 되레 깊어졌다고 해석할 수 있습니다.

한용운 선생은 작품을 통해 사랑과 고독, 슬픔을 솔직하게 표현하며 많은 사람들의 공감을 얻었습니다. 또한 알 수 없는 창조자이자 인간의 삶에 중요한 요소로 자연을 다루고 있는데요, 이는 모든 생명의 조화를 이야기하는 불교에 영향을 받았으리라 추측할 수 있지요. 아울러 한용운 선생 작품의 가장 큰 특징은 민족주의 정서라고 볼 수 있습니다. 일제강점기라는 시대의 혼돈 속에서 민족의 정체성과 독립을 향한 열망을 은유적으로 표현하고 있지요. 나라를 빼앗긴 슬픔이 남아 있지만, 굴하지 않는 우리 민족의 의지를 드러내며 많은 사람들을 위로했어요.

1 한용운이 쓴 시로 알맞게 짝지어진 것을 고르세요.

① 님의 침묵, 진달래 꽃   ② 별 헤는 밤, 사랑의 측량

③ 복종, 님의 침묵   ④ 청포도, 님의 침묵

2 설명에 맞는 제목을 찾아 선으로 이으세요.

① 한용운의 시 〈복종〉은 1926년 발표된 이 시집에 수록되어 있다. •   • ㉠ 역설적

② 〈사랑의 측량〉은 사랑과 관계에 대해 이 방식으로 이야기하고 있다. •   • ㉡ 민족주의 정서

③ 한용운 선생 작품의 가장 큰 특징은 이것으로, 일제강점기에 우리 민족의 정체성을 지키기 위해 작품에 은유적으로 표현했다고 평가받는다. •   • ㉢ 《님의 침묵》

3 다음 설명 중 옳지 않은 것을 고르세요.

① 〈사랑의 측량〉은 1926년, 〈님의 침묵〉에 수록된 시이다.

② 〈복종〉은 다른 사람에게 아무런 의지 없이 복종해야 한다는 내용을 담은 시다.

③ 한용운 선생 시에서 인간의 감정과 자연은 중요한 시적 요소로 다뤄진다.

④ 한용운 선생은 시 말고도 다양한 산문, 논문 등을 써 발표했다.

4 다음 글을 읽고 알맞은 말에 표시하세요.

● 한용운 선생의 시집 〈님의 침묵〉에는 (복종 / 서시 / 그날이 오면)가(이) 수록되어 있다.

● 〈사랑의 측량〉은 물리적으로 잴 수 없는 감정 (분노 / 걱정 / 사랑 / 슬픔)을 거리와 양으로 표현한 독특한 시다.

만해기념관에 다녀와서

- **학습자:** ○○초등학교 ○학년○반 ○○○
- **학습 장소:** 경기도 광주시 남한산성면 남한산성로 792번길 24-7
- **학습 기간:** ○○월 ○○일 ○○시~○○시
- **학습 주제:** 만해기념관을 관람하며 한용운에 대해 알아본다.

- **학습 내용:** 한용운은 일제강점기, 3·1운동을 이끌고, 우리나라 전통 불교를 일본으로부터 지키기 위해 애쓴 독립운동가이자 문학가이고, 불교인이다. 만해기념관은 한용운의 나라사랑과 독립정신을 기리기 위해 1981년 세워진 기념관이다. 만해기념관에 들어가면 〈나룻배와 행인〉의 시비를 가장 먼저 볼 수 있다. 1층은 상설전시실로 한용운이 생전 쓴 글과 작품을 볼 수 있었다. 특히 한용운의 대표작인 《님의 침묵》 시집의 160여 종의 판본과 《조선불교유신론》, 《정선 강의 채근담》, 3·1운동 중 일본에 체포되어 감옥에서 쓴 각종 신문 자료 등 독립운동에 관한 다양한 자료가 전시되어 있어 한용운의 생애를 보다 깊게 이해할 수 있었다. 체험학습 프로그램으로 〈님의 침묵〉을 감상한 뒤 인상 깊은 구절을 전등에 직접 그리는 활동을 했다. 시를 그림으로 표현할 수 있어서 재밌었다.
- **느낀 점:** 만해기념관을 통해 독립운동에 온몸을 바친 한용운의 생애를 조금 이해할 수 있게 되었고, 나라면 '일제강점기, 나라를 지키기 위해 앞장설 수 있었을까?'하는 생각이 들었다. 다시 한번 나라를 지키기 위해 모든 것을 걸고 싸우신 독립운동가 분들이 존경스럽다고 생각했다.

1 다음 글을 읽고 알맞은 말에 표시하세요.

● 만해기념관에 들어서면 가장 먼저 (님의 침묵 / 알 수 없어요 / 나룻배와 행인)의
시비를 볼 수 있다.

● 한용운의 나라사랑과 독립정신을 기리기 위해 세워진 만해기념관은 (1926년 /
1919년 / 1981년 / 1945년)에 세워졌다.

2 빈칸에 들어갈 말을 고르세요.

> 만해기념관 1층 상설전시장에는 〈님의 침묵〉과 _____, 〈정선 강의 채근
> 담〉 등 한용운 선생이 생전 쓴 글과 작품이 전시되어 있다.

① 한국광복군 제1지대 명단   ② 독립선언서
③ 흑풍   ④《조선불교유신론》

3 다음 설명 중 옳지 않은 것을 고르세요.

① 한용운은 시인이자 불교인이다.   ② 만해기념관은 남한산성에 위치해 있다.
③ 한용운은 3·1운동 중 무사히 일본으로부터 도망쳤다.
④ 만해기념관은 한용운의 나라 사랑과 독립정신을 기리기 위해 세워졌다.

4 다음을 읽고 빈칸 ①과 ②에 들어갈 알맞은 말을 쓰세요.

> 우리 민족은 일제강점기, 빼앗긴 나라를 찾기 위해 ① 을(를) 했습니다. 수많은
> 사람들이 목숨을 내놓으며 나라의 주권과 자유를 부르짖었어요. 우리 민족은 일본
> 으로부터 나라의 정체성을 빼앗기지 않기 위해 ① 에 열을 올렸어요. 나라를 지
> 키기 위해 ① 에 참여한 수많은 조선인과 ① 을 계획하고 이끈 ② 들이 있
> 었기에 우리는 지금 자유로운 세상에 살 수 있답니다.

(1) _____   (2) _____

한용운

1일
① ①
② ②
③ 민족대표 33인
④ ②, ④

2일
① ③
② ①-ⓒ, ②-ⓐ, ③-ⓑ
③ ①
④ 3·1운동 / 조선

3일
① 조선임전보국단
② ②
③ ③
④ 학병제

4일
① ③
② ①
③ ④
④ ③

5일
① ①
② 조동종
③ ④
④ 한일병합조약

6일
① ③
② ①-ⓒ, ②-ⓑ, ③-ⓐ
③ ②
④ 복종 / 사랑

7일
① 나룻배와 행인 / 1981년
② ④
③ ③
④ (1) 독립운동, (2) 독립운동가

who? 한국사

초등 역사 공부의 첫 단추! '인물'을 알아야 시대가 보인다

● 선사·삼국　● 남북국　● 고려　● 조선

> ※ who? 한국사(전 47권) | 대상 초등학교 전 학년 | 책 크기 188×255 | 각 권 페이지 190쪽 내외

who? 인물 중국사

인물로 배우는 최고의 역사 이야기

> ※ who? 인물 중국사(전 30권) | 대상 초등학교 전 학년 | 책 크기 188×255 | 각 권 페이지 190쪽 내외

who? 아티스트

최고의 명작을 탄생시킨 아티스트들을 만나다

● 문화·예술·언론·스포츠

> ※ who? 아티스트(전 40권) | 대상 초등학교 전 학년 | 책 크기 188×255 | 각 권 페이지 190쪽 내외

who? 인물 사이언스

기술로 세상을 발전시킨 과학자들의 이야기

※ who? 인물 사이언스 (전 40권) | 대상 초등학교 전 학년 | 책 크기 188×255 | 각 권 페이지 180쪽 내외

who? 세계 인물

세상을 바꾼 위대한 인물들의 이야기

※ who? 세계 인물 (전 40권) | 대상 초등학교 전 학년 | 책 크기 188×255 | 각 권 페이지 180쪽 내외

who? 스페셜 · K-pop

아이들이 가장 만나고 싶고, 닮고 싶은 현대 인물 이야기

※ who? 스페셜 · K-pop | 대상 초등학교 전 학년 | 책 크기 188×255 | 각 권 페이지 190쪽 내외